कविताएँ

यूँ तो सब कुछ पूर्ववत् है

यूँ तो सब कुछ पूर्ववत् है

हेमा दीक्षित

लोकभारती पेपरबैक्स

लोकभारती पेपरबैक्स में
पहला संस्करण : 2024

लोकभारती पेपरबैक्स : उत्कृष्ट साहित्य के लोकप्रिय संस्करण

लोकभारती प्रकाशन
पहली मंजिल, दरबारी बिल्डिंग, महात्मा गांधी मार्ग
प्रयागराज-211 001
द्वारा प्रकाशित

शाखाएँ : 1-बी, नेताजी सुभाष मार्ग, दरियागंज, नई दिल्ली-110 002
अशोक राजपथ, साइंस कॉलेज के सामने, पटना-800 006
1, अनमोल सोराबजी संतुक लेन, धोबी तलाव, मरीन लाइंस, मुम्बई-400 002

वेबसाइट : www.lokbhartiprakashan.com
ई-मेल : info@lokbhartiprakashan.com

विकास कंप्यूटर एंड प्रिंटर्स
ट्रॉनिका सिटी-201 102
द्वारा मुद्रित

मूल्य : ₹299

YUN TO SAB KUCHH PURVAVAT HAI
Poems by Hema Dikshit

ISBN : 978-81-19996-28-5

जीवन में आए
उन सभी रीढ़मय और रीढ़विहीन
स्त्रियों और पुरुषों को
जिन्होंने मेरा 'मैं' बनाया

क्रम

यूँ तो सब कुछ पूर्ववत् है

सुना है...

सुना था
चुप बोलती है
हम हैं वहाँ अब
जहाँ चुप्पी भी
कुछ नहीं बोलती है

अपनी आवाज़ के
ताले नहीं खोलती है

निरंकुश आँखों के सवार
देखो हत्यारे
काट कर ले गए आज
चुप्पी की भी ज़बान

हाथ-पाँव बाँध कर
घुटनों के बल
चौक पर सरेआम
जलाई जाएगी
उसकी शब्दहीन आवाज़

सुना है
शहादतें भी
रखती हैं ज़बान!

अपने लिए

तुम्हारे घर की
तिमंज़िली खिड़की से
कूदती है और रोज़ भाग जाती है
छिली कोहनियों और फूटे घुटनों वाली औरत
ढूँढ़ती है नीम का पेड़
और झूलती है
जीवन-जौरिया[1] पर
ऊँचों पेंगों का झूला
नीले आसमान में उड़ते
आवारा बादलों को
मारती है एक करारी लात
गूँजती फिरती है
सूफियों के राग-सी
तुम्हारी पंचायतों के ऊसरों पर
खेलती है छुपम-छुपाई
हाँफती है थकती है
किसी खेत की मेंड़ पर बैठ
गँदले पानी से धोती है
अपने सिर-माथे रखी

---

1. रस्सी

लाल स्याही की तरमीमें[1]
चुन-चुन कर निकालती है
कलेजे की कब्रगाह में गड़ी
छिनाल की फाँसें
सहिताती है
तुम्हारे अँधेरे सीले भंडारगृह से निकली
जर्दाई देह को दिखाती है धूप
साँसों की भिंची मुट्ठियों में
भरती है हवा के कुछ घूँट
मुँहज़ोर सख़्तजान है
फिर-फिर लौटती है
तुम्हारे घर
कुटती है पिटती है
मुस्काती है
और बोती है तुम्हारे ही आँगन में
अपने लिए
टूटी हुई एक डोरी से गिरे
और गिर कर बीने हुए
मंगलसूत्र के काले दाने...
लगाती है तुम्हारे ही द्वार पर
अपने लिए
अयपन की हथेली और टिकुली के डिठौने...।

---

1. संशोधन

संकल्प-संन्यास

"लड़कियों की अक्ल
घुटनों में होती है"
घुटनों में सिर गाड़े
डूबती है
मोटी 'निषिद्ध पोथियों' में
सिर उठाती है
और देखती है
तुम्हारे दिए
बासे, सदियों पुराने,
संचित, गाढ़े 'प्रेमचिह्न',
समझती है
'चिह्नित न्याय दर्शनों' की
दागी हुई व्याख्याएँ,
पढ़ती है सस्वर
अपनी मूक ऋचाएँ,
मुस्कराती है
और लेती है संकल्प-संन्यास
एक ही झटके में
करती है खड्ग प्रहार
खुरच कर
उखाड़ फेंकती है

अपनी ही देह पर आरूढ़
तुम्हारी वासनाओं की
दुर्दम्य वसीयतें,
अब पहनने भर को
पहनते रहिए
अपने प्रेम के उन्मादी लबादे,
अब लिखने भर को
लिखते रहिए
अपनी अट्टालिकाओं पर उसके नाम,
देखिए—
सूखे हुए हैं
अपने ही घावों पर रखने को
नमियों के फाहे यहाँ,
प्रेम चिह्नों को
खुरचने से जागी सुर्खियाँ
बहती हैं तान कर
अपनी दुर्वासा भृकुटियाँ
घर के दरवाज़े से
मुख्य सड़क तक...

तंग सँकरी गलियों से
फर्राटे से गुजर जाती है,
वस्त्रों की आवारगी को
वह अब नहीं सँभालती
उनके मूसेपन पर नहीं फेरती
अपनी ताज़ी हथेलियाँ,
बेपरवाह हँसती है
चटक, नौबजिया-सी खिलती है
तुम्हारी आँखों का आईना नहीं देखती
कमअक्ल,

अपने पैरों पर सीधे चलती है
घुसपैठियों-सी
तुम्हारी सुरक्षा चौकियों को धता बताती
पिछले दरवाज़े की
साँकल उतार
मुँह अँधेरे
घर से निकलते
वह दुपट्टा नहीं
अब आधा चाँद ही ओढ़ती है...
इसलिए—
वह वापस नहीं लौटती!

न्याय?

न्याय...न्याय...न्याय...
आधी रात
आधी नींद उठ कर
रक्त-रंजित, क्षत-विक्षत
स्वप्नों के मध्य
गले की सारी
तनी हुई नसों के साथ
बदहवास चीख़ती हूँ मैं—
आख़िर तुम
हो क्या??

मौत की सज़ा झेलते
किसी आदमी की अन्तिम ख़्वाहिश...

बाज़ारों के खानाबदोश शोर के बीच
हाथ मलती गूँगी आवश्यकता...

बग़ावत की भेड़ें चराता
हज़ार-हज़ार आँखों वाला कोई लोमड़ी गड़रिया,

या...

हिफ़ाज़त की स्याही से
भरोसे की रद्दी पर
किया जाता
ताक़त का एक फ़र्ज़ी दस्तख़त...

उम्मीद के गुलदस्ते में
खिलाए जाते हैं
शोषण के कैक्टस...
इस अन्धे वक़्त की
हथेलियों में
न्याय है
सिर्फ़ एक अदद
भ्रामक और धूर्त अवधारणा...

क्या नहीं है ऐसा कि
न्याय रह गया
सिर्फ़ एक ऐसे
कारतूस का नाम
जिसे सत्ता की
नाजायज़ पिस्तौल में डालकर
दाग़ दिया जाना है
कभी भी...
कहीं भी...
सत्य, धर्म और तंत्र के नाम पर
या उनके ऊपर
जो हैं—
सत्ताविहीन-रज्जुहीन
तुम्हारे लिए
बस केंचुए भर...

न्याय...न्याय...न्याय...
क्या यह भी है
बस शब्द भर...?

विश्वास के दसवें पर

अपनी सत्ता के मद में चूर
घर में रहती स्त्री
जैसे नींद के किसी
अलसाए बिस्तर से उठा कर
एक दिन अचानक ही
पहुँचा दी जाती है
बड़े साहबों की
बड़ी दुनिया के
बड़े से दफ़्तर में...
अनगढ़-अनपढ़
पर व्यवस्थापन की
तमाम भाषाओं के
अभ्यस्त हाथ
सँभाल लेते हैं
बड़े साहबों की
बड़ी गृहस्थी की
बड़ी झाड़-पोंछ
बड़ी साज-सँभाल
कर्मचारियों की
राजनीतिक-ग़ैरराजनीतिक उठा-पटक
व्यवसायिक सम्बन्धों की देखभाल

टूट-फूट, मरम्मत और नई आवक...

उड़ती हुई तितलियाँ
और उनके पंख
गिनता हुआ
ठीक एक स्त्री की तरह
एक चमकीला इतराता हुआ दिन...
अपनी पलक की झपक में
कहीं से बीन कर, उठा लाया था प्रलय...
इतराते हुए दिन के
इठलाते पल्लू के किसी छोर पर
एक अलमारी का
छिप कर बैठा हुआ
चोर कोना,
खोल देता है अपना मुँह
और उलट देता है
'कुछ मीठा हो जाए' की
ढेरों बखटी चमकीली पन्नियाँ,
सूखे गुलाबों के कंकाल,
उड़ चुकी ख़ुशबुओं की
ढनकती शीशियाँ,
रूमाल की आठ परतों में
ढका-सँभला
एक अनजान स्पर्श,
ढाई आखरों से टंकित सन्देश
काँपते हाथ और धुआँई आँखें,
दबा डालती है
मुँह और स्वेद कणों में
उतर आए कलेजे का गला...

अब तक जलसाघरों में ही बैठे रहे
समय की दृष्टि में
उभर आती है
एक अन्तहीन
बेजवाब महाभियोगों के
सवालिया सिलसिलों की
ख़ूब गड़ा कर
उकेरी हुई लिखाई...

गठबन्धन की राजनीति की
सारी धुरियाँ पलट जाती हैं
सत्ताएँ त्रिशंकु हो जाती हैं...
ज़िन्दगी के अन्त:स्थल पर
उभर आती है
एक संसद और
दोयम ईंट की नींव पर
उधार के विश्वास का
सूदखोर संविधान...

जिसके पटल पर
विश्वास मत
शरणार्थी हो कर
किन्ही जर्जर सरायों में
छिपा लेते हैं
अपना घात लगाया हुआ मुँह...

आस्थाओं के बीज खो बैठते है
अपनी सारी उर्वरता,
अन्धे रास्तों पर

सिर्फ़ चला जाता है...
प्रकाश स्तम्भों से आते
अनदेखे प्रकाश स्रोतों की
आभासी बैसाखियाँ,
सूखी ज़मीन की
साफ़ आँखों में
अचानक बेवजह ही उग आए
मोतियाबिन्दों के सफ़ेद माड़े और धुँधलके
कभी साफ़ नहीं कर पाती...
उतरी हुई रंगतों वाली
सर घुटी मुस्कराहटों की
झुकी कमर, फिर कभी
सीधी नहीं होती...

अब कुछ भी हो जाए
या फिर कर लिया जाए
ज़िन्दगी की पीठ पर
औंधे मुँह गिर पड़ी
आस्थाओं की देह पर गड़े
विश्वासघाती बखटेपन के
नुकीले पंजे
फिर कभी भी नहीं हटते...।

देख लेना

अन्याय के विरोध में
आवाज़ उठाने से पहले
देख लेना—
कि तुम्हारी जाति क्या है!

देख लेना—
कि जो अन्याय का शिकार हुआ
उसकी जाति क्या है!

देख लेना—
कि वो जो मर-खप गए कभी के
तुम्हारे-हमारे पूर्वज
उनके कर्मों के
क्या हैं इतिहास!

देख लेना—
उनके धर्म-कर्म
और देश-जाति की पहचान!

समझना इस बात को—
कि अन्याय का

विरोध करने के अधिकार के लिए भी
पहले निपटाने होंगे आपको
मरे हुए लोगों के
और कभी की मिट्टी में मिल गई
मरी हुई बातों के हिसाब-किताब

कि इतनी बँटी हुई दुनिया से
इतने कटे हुए सिरों से
इतनी उघाड़ी और काटी गई छातियों से
इतने फाड़ कर और नोच कर फेंके गए
गर्भाशयों से

भालों की नोक पर टँगी अजन्मी
धर्महीन सन्ततियों से
इतनी गुमनाम
सामूहिक क़ब्रों से
इतने ख़ून से भरी
नदियों और रास्तों से
इतनी कलपती छाती कूटती
माँ,बहनों और पत्नियों से
इतनी ख़ाक और ज़मींदोज़ हुई
पीढ़ियों और सभ्यताओं से

अभी जी नहीं भरा है
इन तक़सीमपसन्दों का
इनसान और इनसानियत पर
भारी पड़ गई इतनी सारी
पूरी धरती को
अपने ठंडे मरेपन से
दाबे और दबोचे बैठी

इन नामुराद काल्पनिक
सीमा-रेखाओं से,

जिन्होंने धर्म-जाति,वर्ण, देश-प्रदेश,
ऊँच-नीच के ख़ाके खींचे
शतरंजें बिछाई...

निरीह प्यादे बैठाए
निजी स्वार्थों की
शातिर चालें चली
भाँति-भाँति की
औक़ातों के बँटवारे किए

कोई और नहीं
वह भी तुम ही थे
और आज भी
उसी शतरंज को खेलते
निरीह प्यादों की
गरदनें उमेठते
वो तुम ही हो
मक्कार और स्वार्थी
निजी सत्ताओं और वर्चस्व के लोभी

'महत्त्वाकांक्षी तुम'...
जाओ...
और चिन्दी-चिन्दी कर डालो
इस बची-खुची दुनिया के
बचे रह जाने की
थोड़ी-बहुत गुंजाइशों को भी...।

हे सखी

पुराण-मंत्र लादे
गाँठ जोड़े
बैठी रहती हो, अलंकृत,
लिए ठोस जड़ कीमियागिरी
पाँव के नाख़ून से
सिर के बाल तक,

अनुष्ठानकर्ताओं के
निवेश यज्ञों में दुष्चक्रित,
और अनजाने ही लेती रहती हो
अपने ही निजत्व के
विगलन का सेवा-मूल्य

सेवाधर्मिता और सतीत्व के
रुग्ण खम्भ से कसी बँधी
कसमसाती 'सेविका'
तुमको करनी होगी
हाड़-तोड़ मशक़्क़त
खोलने होंगे स्वयं ही,
अपने कीलित हाथ-पाँव
त्यागना होगा

मेनकाओं की
छद्म काया में
जबरन मोहाविष्ट कराया गया
अपना ही प्राण...

हे सखी
अपनी अभिमंत्रित आँखें खोलो
और करो
अपनी ही
काया में प्रवेश,
पीछे पड़े
फाँसी के फन्दों पर लटके
सिर कलम हुए
नाख़ून उखड़ी उँगलियों वाले
अँधेरी स्मृतियों में दफ़न
अनाम क्रान्तिकारियों की बीजात्मा
बड़ा तड़फड़ाती है,
छाती कूटती है
और पुकारती है तुम्हें—

उठाओ अन्त्येष्टि घट
काटना ही होगा तुमको
उपनिवेशी चिताओं का फेरा
मुखाग्नि का हक
सिर्फ़ तुम्हारा है...।

यूँ तो सब कुछ पूर्ववत् है

[फर्रुखाबाद में आवास-विकास लोहिया चौराहे के आस-पास घूमती-फिरती एक मानसिक रूप से असन्तुलित स्त्री के अचानक ग़ायब हो जाने के बाद...]

आजकल
मेरे ख़यालों में
रोज़ ही रोज़ चली आती है
जो दौड़ती रहती थी
यहाँ सड़कों पर
किसी पागल मोटरसाइकिल की तरह,
कोई भी उसे छेड़ कर
मरोड़ देता था उसका
गिड़-बिड़ भाषाई हॉर्न
बरसों से बिना धुले जट्ट
गर्द सने बालों
और चीकट कपड़ों के साथ
कोंची जाती थी दिन भर
देह और बावरे मन के
हर कोने पर,
राह गुज़रते ऐरे-ग़ैरे इनसान
दाग़ देते थे उस पर
अपनी निर्दयता के नीले चिमोटे

उसकी बिलबिलाहट में थी
तमाम मर्दानी गालियाँ,
चाय की दुकानों पर बैठे लोग
चाय के कपों और
धुओं के छल्लों के संग
उसकी चुस्की लेते थे और
पी जाते थे
खुलेआम
सार्वजनिक स्थल पर
एक सार्वजनिक स्त्री...
पटियाबाज़ी के शौक़ीन
रोज़ छीनते थे
उसके कन्धों पर लदी
उसकी ज़िन्दगी की गठरी
बिखेर डालते थे वे
उसके गिने-चुने रिश्तों की जमा पूँजी
एक रोज़ मैंने सुना था
उसे कहते कि
गठरी में हैं उसके
माँ-बाप, पति और बच्चे
खुल कर बिखरने पर देखा था मैंने
कि वहाँ तो हैं
कूड़े के ढेर से बीने हुए लत्ते,
चीथड़े, एक टुकड़ा आईना,
गिने-चुने दाँतों का आधा कंघा
अपना संसार दरकने पर वह
रोती, अजीब-सी आवाज़ें निकालती
लोगों को दौड़ाती
पत्थर फेंकती...
सरकारी पार्क की तरह

कोई भी कर सकता था
उस पर अवैध क़ब्ज़ा
बिलएवज एक रुपया,
दो जलेबी, एक समोसा
या फिर दिखा-दिखा कर
ललचाते दो कचौड़ी,
छोटे से शहर के
भद्र इलाक़े का
चलता-फिरता
सार्वजनिक शौचालय
बिना किसी पूर्व सूचना के
एक दिन अचानक
विलुप्त हो गया
यूँ तो सब कुछ
पूर्ववत् है
पर उस 'स्त्री'
(पगली नहीं)
के बिना
अजीब सा ख़ालीपन है...।

बदलता कौन है बुद्धू

बदलता कौन है बुद्धू!
हर आँख
वहीं की वहीं
वैसी की वैसी ही
पड़ी रहती है
बस,
अनुभवग्रस्त
विचारों की पीढ़ियाँ
चढ़ती रहती हैं निरन्तर, अपनी
कभी पूर्वनियत-कभी अनियत
सीढ़ियाँ दर सीढ़ियाँ,
और, पनपती जाती हैं
ज़िन्दगी के माथे पर
उनकी ज़िद के
शुद्ध, लाल तिलकों की
अशुद्ध रीतियाँ,
और वक़्त दर वक़्त
जीत की समझ की कथाएँ
बदल डालती हैं
जय-विजय की

भाषा का हर पता
पराजयों की
सन्तुलित भाषा में!

लेखा-जोखा

[वर्ष 1997 में सखी, जो बहन ही तो थी उसके विवाह और विवाह पश्चात् लेन-देन और तमाम वस्तुओं को लेकर पिता-पुत्री, भाई, ताऊ, चाचा, रिश्तेदारों का जैसा अपमान देखा और चौथी पर उनके घर कालिख पुते, राख मले उन चेहरों को भूल पाना कभी हुआ ही नहीं।]

अन्दर
दृश्य में हैं बहुत दिनों से
घुमावदार खेतों की पहाड़ी सीढ़ियाँ
खिला हुआ है वहाँ
बोझ-सा
नाज़ुक फूल चेहरा
माथे पर अटकी हैं
तड़प बूँदें...

दूर बहुत दूर
ख़ारिज हो गए हैं
किसी के नन्हे-नन्हे जीवन ख़्वाब
जिनकी श्वासहीन
छाया का मटमैलापन
देता है मुझको
जहाँ-तहाँ, हर कहीं

नीले-नीले त्रास

क्यों आश्वस्त थी मैं
सुखों के प्रति
मुस्कराते सम्बन्धों के प्रति
सिर्फ़ कल्पना का लेखा-जोखा
क्यों सखी क्यों?

प्रारम्भ में ही सुनने के पश्चात्
युद्ध की पदचाप
लेन-देन, क्यों नहीं दिखी
तेरी कुटिल अल्पना

पता था मुझे
कि ऐसा ही होना है
और दूर देश से
उड़ आए बादलों को
रोना ही रोना है

सिर्फ़ ऐसा ही होना है
कि बिना रोए
बग़ैर मसले अपनी अँधेरी आँख भी,
आएगी धारदार जल की
तेज़-तेज़ आवाज़

और खड़ा रहेगा
चुपचाप-चुपचाप
अपनी ही बाँहों में
अपने को भींचता
चुकाई गई क़ीमत का दर्द...

चुपचाप,
ख़ामोश बेहद ख़ामोश
उसके लिए नहीं है ना
कथ्यों के सधे हुए
तने हुए तुर्रे
क्योंकि उसके आसमान में
भाषाओं का ताप
कतरा कर
हाँ—कन्नी ही तो काट कर
उतर गया है
शून्य से अगणित नीचे के मान...
अजीब कही-सुनी
पढ़ी-लिखी स्वरहीनता

मोह नहीं सखी मोह नहीं
रटाए गए
लहू में घोले गए
संस्कारों का दबाव

इतना भारी भार
सब कुछ सुनसान
बिना नेह कैसे सुलझेंगे,
उलझे—घूँघर वाले बाल

तुम्हारी सखी, अपनी सखी
ख़ाली हूँ अन्दर से और बाहर से
प्रारम्भ है यहाँ से
विचरण यात्रा,
सवालों में
जिनकी गूँज और अनगूँज

पलटती रहती है
अनकहे दर्द के—स्याह पृष्ठ

किसी दिन तो मिलेगा
उत्तरयात्रा का कोई मार्ग...।

बेशीर्षक : आठ कविताएँ

1

सप्त ऋषियों की
बैलगाड़ी के नीचे
अनामिका में पहनाई हुई
एक अँगूठी भर
या फिर ललाट पर
खिंचित भाग्य रेखा भर
और बस तय हो जाते हैं
जागीरदार और जागीरों के
विपरीत ध्रुव

जागीरें रख दी जाती हैं
सँभाल कर सहेज कर
ख़ज़ानों की अकूत ढेरी में
सात पहरों की
सात परतों में

फिर तैरते हैं जागीरदार सात समन्दर
भींचते हैं मुट्ठी में आसमाँ...

प्रेम का मायावी यायावर
नापता है
वीनस की चौखट तक
ब्रह्मांड की सारी गलियाँ

पीछे छूटे भिड़े दरवाज़ों की
जागी आँखों के
सिरहाने से पैताने तक
सुसज्जित वचन मंडपों में
रीते प्राण प्रतिष्ठित रहते हैं

नापो दुनिया के सारे छोर
और चखो समन्दरों के किनारे
धूप तापती
नमक की सारी कनियाँ

और लौट आओ वापस
जूठी ज़बानों के साथ

ख़ज़ाने के द्वारों पर
सात पहरों की
सजग पोथियों पर बैठे
हथियारबन्द चौकस पंडे
तुम्हारी तिर्यक दुःशासनी चाल पर
सर झुकाते हैं
और खोल डालते हैं सारे द्वार

तुम्हें करना ही क्या है
बस हाथ भर बढ़ाना है
और ख़ज़ाने के

गूँगे कलेजे में उतार देना है
अपना सर्पदंश

दमकती है तुम्हारी कलाई
नमकीन स्वेद कणों से
चमकती है बुझी अनामिका
बेनाम मृत अँगूठी से...।

2

चलने को बना दी गई
गाढ़ी-पक्की, सीधी-सरल लकीरों की
पूर्व नियत फ़क़ीरी में गाड़ा हुआ खूँटा तुड़ा कर
छूट भागी स्त्रियाँ
हर ऐरे-गैरे की
ऊहा के
उत्खनन की
खटमिट्ठी झरबेरी हो जाती हैं
पूरी निष्ठा से
अपना फ़र्ज़ निभाते हुए
दौड़ पड़ते हैं
सारे खेतिहर
अपने-अपने
फरुआ, गैती, कुदाल, हल उठा कर
आख़िर मेहनतकशी जो ठहरी
खूँदना-मूँदना है
उसका आगत-विगत
सोना-जागना, उठना-बैठना
हगना-मूतना।
यार-दयार...सब कुछ...

और बीजना है
भूमिपतियों को
उस पर,
चटखारों की लिखावट का
अपना-अपना
दो कौड़ी का सिन्दूर

चारों दिशाओं से उठती
असंख्य तर्जनियाँ
अपने काँधों पर पड़ा यज्ञोपवीत
अपने कानों में
खोंस लेती हैं

लकीरों से हट कर
चलने वाली
स्त्रियों की
फ़िज़ा बनती है
बनाई जाती है
फ़िज़ाओं में घोली गई स्त्रियाँ,
स्त्रियाँ कहाँ रह जाती हैं
चौक पर रहने वाली
नगरवधुओं में
तब्दील कर दी जाती हैं...।

3

मैंने सुना है
स्वर्ग होता है,
होता है
जीवन के बाद

मृत्यु के पार
होता है
और बहुत ख़ूब होता है...

वहाँ 'सब कुछ' होता है
वह सब कुछ
जो धरती का नरक भोगते
बसता है तुम्हारी कल्पनाओं में
जिसके सपनों के पंखों पर
उड़-उड़ कर
रौरव नरकों के
ज़मीनी पल काटे जाते हैं,
सुना है
वहाँ सर्व-इच्छा पूर्ति के
कल्पवृक्ष हुआ करते हैं,
कामधेनु सरीखी
स्वादों की गाय होती है,
समय के अणु जैसे थिर जाते हैं
नदी के तल पर टिक गई
किसी शिला की तरह
चिर युवा होते हो तुम...
वहाँ बोटोक्स की सुइयाँ और
वियाग्रा की बूँदें नहीं मिलतीं
क्योंकि झुर्रियों और जरावस्था को
स्वर्ग का पता नहीं बताया गया है
वहाँ सोलह श्रृंगार रची
मेनका और रम्भा में बसी
सहस्त्रों, अक्षुण्ण यौवन वाली अप्सराएँ हैं
सुर है, सुरा है
नाद है, गन्धर्व-नाद है

ऐश्वर्य है, उत्सव है
उत्साह है,आह्लाद है...

राजपुरुषों से जीवन का
राजसिंहासनों पर बैठा
स्वर्ग में
सब सामान है...

विस्मित हूँ मैं
मृत्यु के बाद भी
जीवन के पार भी
परलोक की रचना करने वाले
मक्कारों की व्यूह रचना पर

स्वर्ग में अप्सराएँ बसती हैं
पर स्त्रियाँ नहीं मिलतीं

है किसी को पता
कि 'उनके' हिस्से का
वैभव, आह्लाद और स्वर्ग कहाँ है

क्यों नहीं हैं स्वर्ग में
अप्सराओं के पुरुषान्तरण
कल्पनाओं में भी नहीं हैं
क्यों नहीं हैं
स्त्रियों के हिस्से के
आमोद की रचनाएँ...

सोचने पर
ढूँढ़े से भी मुझे

गले मिलने नहीं आते
उनके उत्सव...

विस्मित हूँ और
क्रोधित भी
कि सृष्टि के
उत्सों की भाषा में
क्यों नहीं रचे गए
स्त्रियों के
निजी सुख...।

4

चलो...
बन्द आँखों के मध्य
इस लहूलुहान
समय से परे
और तुम्हारी
रीत-नीत की
उठी तनी तर्जनी
की इंगित राहों की
उम्मीदों के पेट से
बिल्कुल ही धुर विपरीत
इसी काले शून्य से
दूर कहीं
बहुत दूर...
अग्नि के पन्नों पर
उड़ा जाए...

पीले आसमान के

मसले और मरे हुए गालों के
बस थोड़ा-सा
ऊपर...
अँधेरे की चौहद्दी के
माथे के ठीक बीचो-बीच
भिंची मुट्ठियों के
अपने सूरज में
उगा जाए...।

5

यह तथ्यों की धरती है
इस पर सबूतों के
पुख़्ता और घने
आसमान तने हैं
हर जीवन
एक कचहरी हुआ जाता है
जहाँ उजली राहों की बुश्शर्टों पर
काले कोटों की भरती है
इस कचहरी के
निरे दरवाज़े हैं
जिधर घूम जाओ
उधर ही
एक प्रवेशक दिशा
दिख जाती है,
इस पार-उस पार
बड़े चौराहों-छोटे चौराहों
तिराहों पर
कुल जमापूँजियों के
अपने-अपने बस्ते

बाँधे खड़े हैं लोग...

दौड़ाए जा रहे हैं
अपने-अपने
अर्जनों की
स्वायत्त दिखती
ग़ुलाम गाड़ियाँ
किसी की ठंडी
किसी की गर्म
किसी की आरामदेह
किसी की खच्चर हुई नब्ज़-नाड़ियाँ

लगाए जा रहे सब
कहीं निचली-कहीं ऊँची
अदालतों की
पेशकारियों में
साफ़ेदी पर रँगी गई
अपनी काली-नीली अर्जियाँ

सहती हैं जो
आपत्तियाँ-अनापत्तियाँ
या फिर
उड़ती निगाहों से
देखे भर जाने की सहियाँ

फर्जीवाड़ों के घूरों पर
ढेर हैं
'घ' कोष्ठकों में क़ैद
स्थायी तौर पर
मुल्तवी इरादों की

बेईमान अर्ज़ियाँ

अपने ही हाथों में
अपनी ही
फोटो कापियाँ उठाए
पल-पल रंग बदलती
गिरगिटिया नज़ीरों-सी
अपनी ही पेशकश लिये
चलते हैं लोग...

अक्सर ही...
सिर्फ़ चलने भर को
चलते हैं लोग
कहीं नहीं पहुँचते लोग...।

6

भागती हुई
रेलगाड़ी में
निचली बर्थ के
खोंचक लगे
उस कोने में,
घुटनों में
अपना बायाँ कान और
थोड़ा-सा ही माथा दिए
वह औरत
अपनी दसों उँगलियों को,
हद से बाहर रगड़ी
घिसी हुई
सार्वजनिक खिड़कियों की

काली पड़ गई
सलाखों पर कसे हुए
करती है प्रतीक्षा...
तेज़ी से गुज़रने वाले
पुलों के नीचे से
बहती नदियों के
अपनी आँखों में
उतर बहने का, और
उन आँखों में
उठती आवाज़ के
अपने ही कानों में
सुने जाने का...
बस ऐसे ही
किसी पुल पर
उसकी प्रतीक्षा
सर उठाती है
और खँखार कर फेंकती है
ख़ूब ही ऊँचा उछाल कर
आवाज़ के दरवाज़ों पर चिपका
तुम्हारा ही बैठाया
एक़ खोटा काला सिक्का,
और जैसे...

खेल डालती है...
भरी सभा में...
अपनी मन्नतों का
एक दाँव...
सिर्फ़ अपने लिए...।

7

जंगल की भाषा
बड़ी अजब-गजब होती है
एक जैकेट की तरह
खुली-मुँदी, तिरछी जेबदार, दाँतेदार
एक में एक उँगलियाँ फँसाए
कसी जकड़ी चेन की मानिन्द
अपने पंजों के नीचे जाने कितनी अन्त:परतें दबोचे
चिपकी रहती है
उसकी अद्‌भुत देहभाषा से...
नीचे दबी साँसों की बेचैनियाँ
उसकी ढीठ परतों को खुरचती रहती हैं
नाकाम सीले रेगमाल से,
बेआवाज़ बरसों के रँग-रोगन जमे रहते हैं
ढिठाई की 'नील'-गिरियों की शृंखला बने...
परतें जमाने वालों की कारीगरी क्या कहिए
ज़माने से पहले क्या-क्या तो नहीं मिलाते इनमें कि
ये चिपकी रहें अपनी गढ़ी गई धराधार-आधार भूमि से छिपकलियों की तरह...

अष्टभुज बारीक़ वेदना
कमरे की छत के किसी कोने पर मकड़ी बन झूलती है
और बुनती है
पारदर्शी उधेड़-बुन...
मौन-मुखर कारख़ानों की गति बड़ी तीव्र है
वो खटाखट बुनते हैं एक धरातल
जिस पर खड़े नहीं होना है
बस उस पर लटकते अनगिनत रेशों का अवलम्ब भर लेना है...

सहजताओं की सरल बाज़ीगरी को चाहिए ही कितना और क्या
बस जाने दो उन्हें अब
अपनी ही पटरी पर दौड़ने दो
द्रुतगामिनी ठोस सतहों पर
लम्बवत् रेखाओं पर, कहने दो
मर्ज़ी उनकी
सर्पिल और केशकंटक घुमावों को भी सीधा ही कहे...

सुनो उपनिवेशों...!
स्वतंत्रता के सपनों, विरोधों, अग्निदाहों, स्वहोमों, बैठकों,
विमर्शों और भाषाई चभलाहटों के
बजबजाते दलदल से स्वतंत्र होने का वक़्त
आख़िर अब भी क्यों नहीं आया है...
जबकि तुम्हारी वैयक्तिक, तुम्हारी बेहद अपनी संस्कृति के
सिकुड़े झुर्रीदार बसन्त में झड़े, सूखे, चरमराते पत्तों की आवाज़
तुम्हें बहरा करती है,
तुम्हारे कानों पर तुम्हारे ही उठे हाथों की हथेलियाँ धरती है
जबकि तुम्हारी देह के रोमकूपों से सोते फूटते हैं
विरोध के सैनिकों के,
तुम सेनाएँ तैयार करती हो,
पर जैसे एक विवश अदीख अधीनता में
सर्वसम्मत पढ़े-लिखेपन के शब्दाक्षर
चौंधिया डालते हैं तुम्हारी दृष्टि
और तुम लेती रहती हो अपने दोहन का सेवा मूल्य
एक व्यक्ति के उपनिवेश होने और बने रहने का
कि नफ़रत है...बेतरह नफ़रत है—उपनिवेशों से
उनकी सेवाधर्मी दास संस्कृतियों से...

देखो कि पीछे पड़े असफल और खेत रहे दासों की मृतात्माएँ
पीपल के उस अकेले सख़्तजान पेड़ की सूखी नग्न शाखाओं पर धुनती

हैं ख़ुद को
बड़ा तड़फड़ाती हैं, रोती हैं, कलपती हैं...
काले कपड़ों में लिपटी झूठी, उच्च स्वरों वाली रुदन कठपुतलियों ने
समूचे जीवन को एक अदद मरुस्थल में तब्दील कर दिया है
जबकि मर जाना चाहिए था हर हाल में हर-एक झूठी चीज़ को...
उपनिवेश शोकग्रस्त हो सकते हैं पर उन्हें आँसुओं की इजाज़त नहीं है...
वे किराये की आँखों की कोख में बसेंगे और द्वारा प्रवक्ता तुम्हारी दी
क्रूरताओं की झूठी निकासी करेंगे...
उपनिवेशों को स्वयं के कथ्यों की इजाज़त नहीं है
झूठ, बनावट और धोखों के दिखावटी सम्भावनाई झुनझुनों की खेती होती है...
अनन्त दिगन्त हिलाती अट्टहासी बेपनाह, रुग्ण रुदाली पैदावार...
उनके द्वारों पर खड़े हो मोटी चद्दरों और लज्जा वस्त्रों से ढकते
तुम्हारी हर एक चीज़ एक लज्जात्मक संस्कृति के कोढ़ग्रस्त हाथों में सौंप दी गई है...
जियो-मरो, विगलित हो इसी कोढ़ी लज्जा धर्म में
रहो अपने ही देश में निष्कासित और बहिष्कृत
यहाँ सत्ताएँ हैं...सत्ताएँ हैं तो शासक हैं...
और
ये तो उपनिवेशों के शासक हैं...

उपनिवेशों के शासक गढ़ते हैं ऐसी मानसिकता
करते हैं ऐसे भयों और अदृश्य डोरियों की निर्मितियाँ
कि खुले पिंजरे की कगार पर बैठा पंछी,
भरपूर खुली आँखों से दुनिया को ख़ूब देखता है...समझता है...बूझता है...
पर पिंजरे की कगार पर ही हिलता-डुलता और मँडराता भर है
मँडराता है पर अपने पंख नहीं खोलता कोई उड़ान नहीं भरता
पिंजरे में धारदार चाकू से काट कर डाला दलित फल
सद्गृहस्थ है वो वही खाता है
श्रम के उद्यम चक्र की भयावहता उसके अन्दर इमामदस्ते में डाल कर

कूटी गई है...धन-धन-धन...
महीन और महीन बेहद महीन, आत्मा की अतल गहराइयों तक...
जन्मते ही आवरणित किया गया है आसमानों में उड़ते नुकीले चोंच वाले
बाजों के पंजों के भयों से...
और उनकी अपराजित महिमामंडित विजय-गाथाओं से...

उपनिवेशों के शासक...?
वो तो मस्त हैं...
अपनी एकत्रित इन अकूत दौलतों पर अभिभूत हैं...
अपनी मठाधीशियों की प्रचंड गर्जना करती उठी इंगित करती उँगलियों पर...
कि उनका सूर्य कभी नहीं डूबता है...
कि उनके लिए नहीं बने हैं अस्ताचल...
उनके शब्दकोश में नहीं हैं 'पश्चिम' और 'अस्त' जैसे शब्दों के कोई
भी अर्थ और अस्तित्व...
वह निष्कासित है उपनिवेशों के देश में स्थायी नागरिकता के प्रपत्रों पर...
ये शासकों की ही उँगलियाँ हैं जो मुक्त हैं उठने को, अठखेलियों को...
उपनिवेशित गलों में लिपटा है लज्जा धर्म...भारी सिलों की तरह...
अकथ समय की गुजरन खा गई है झुकी टूटी गर्दनों की दृश्यता...
उपनिवेशों का क्या है...कुछ भी नहीं...कहीं भी नहीं...
उनके पैरों तले की डग भर भूमि तो दूर की कोई बात है...
दुर्योधन और दुःशासन के देश में...सुई की नोक भर भूमि भी उनकी नहीं...
उपनिवेश बस ढो रहे हैं...
घसीट रहे हैं ख़ुद को और लज्जा-धर्म की संस्कृति और बलात्कारी
नैतिकताओं को...
मुसक्का कसे ढोर-डंगरों की तरह...
कोई आवाज़ निकले भी तो क्या इन मुसक्कों के नीचे से
नासमझ भाँ-भाँ के सिवाय कुछ भी नहीं...
जानते और ख़ूब समझते हैं उपनिवेश कि
इस धर्म के निर्वहन में किसी भी प्रकार के सहयोग का अपना कन्धा
अपनी ही शवयात्राओं को दे रखा है...

यह सहयोग का कन्धा असहयोग की खिसकन में नहीं...सरसराहट में
नहीं देखना चाहते उपनिवेश...
पर उनकी ही कसमसाहटें दाब कर बैठी है उनके ही काँधों का गला...
उनकी व्यकुलताओं की आहटों में अरसे से है...मात्र उबरना और मात्र
उबरना...
जबकि वो तान देना चाहते हैं अपने अस्तिव के समूचेपन को कुछ ऐसे
कि परावर्तित हो सकें पूरा का पूरा एक असहयोग आन्दोलन के समन्दर में...
जिसकी प्राथमिकताओं की आँख में हो लज्जा-धर्म का दहन...
सूखी नहीं, हरी ताजी पत्तलों में परोसे जाएँ
भरी हथेलियों से भर मुट्ठी मनमाफ़िक गुलाल
और उन्हें उड़ाने के स्वायत्त सुर-ताल...

सुनो कि सुनना ही होगा...
यहाँ पूरी तैयारी है मंगलाचरण में चर्बीयुक्त कारतूस अपने ही दाँतों से
छीलने को...
ये काली आँधियाँ प्रतिबद्ध है लज्जा धर्म के रक्तपान को...

ये बाजों के पंजे तोड़ डालना चाहती हैं, भोथरी कर डालना चाहती हैं
उनकी तीखी चोंच, उनकी आँखों की चीरती धारदार निगाहों को पलटा
देना चाहती हैं...
काट देना चाहती हैं धारदार माँझों से कन्ने बँधी इंद्रधनुषी पतंग को उड़ाने
का नीले आसमानों में उड़ाते फिरने का उनका एकाधिकार...।

8

किसने कहा है स्त्रियों को
कि वह सिर्फ़ स्त्री ना रहा करे...
क्यों स्त्रियाँ कर जाती हैं
स्त्री भर होने की
अपनी मर्यादा की लक्ष्मण रेखा को पार

क्यों स्त्रियाँ सिर्फ़ स्त्रियाँ भर ही नहीं होती हैं
हर वो कुछ जो
हम पहचानते हैं अनचीन्हा है...
...कि कोई भी पहचान वास्तव में पहचान होती ही नहीं है...
और स्त्री तुम्हारी पहचान,
एक समूह द्वारा
तुम्हें परोसा गया छल और धोखा है...।

आने और जाने के मध्य : शहर

कि मिले हुए चौबीस घंटों में
कितना मिला जा सकता है एक शहर से
कितना और किस हद तक

किसी शहर में रहते हुए भी
कितना और कितने बार होता है मिलना किसी शहर से
कि एक शहर की छत से भी ऊँचे उठा कर
ताने और छाए जाते हैं
अजनबीपन के छप्पर...

कि बीतते दिनों पर दिनों की तहें
अपनेपन की गठरी में चार-चार कुल आठ गाँठें लगा कर
जाने कौन से मोहल्ले की किसी कुठरिया में
खिसका कर धर दी जाती है...

कोई नहीं जानता कि आख़िर किसी शहर की आँखों का वार
उसमें रहने वाले कितने लोगों के दिलों के पार उतरता है...
कि अनछुई आँखों के कोरों के कुन्ने-वुन्नों तक आ-जा कर लौट जाते हैं लोग...

कि एक भरे-पूरे शहर की गोद में डारे-परे से
उसकी बाँहों में कसे जाने से कैसे बचे रह जाते हैं लोग...
उसकी पसीजी हथेलियों की गीली गर्माहट में भीग कर भी
सूखे ही रह गए लोग...

कि मिले हुए चौबीस घंटों में
मिलने की इच्छा से आया हुआ एक व्यक्ति
धरा जाता है अपनी इच्छा के चाक पर
घुमाया जाता है ढेर-ढेर घूमते
बारीक वलयों पर ख़ूब ही नम और चिकना
उसकी ग्राह्यता की देह का घेर अस्सी कली की लहरों पर घूमता है
दौड़ता है शहर के इस छोर से उस छोर तक
बताई गई जगहों के नामधारी बिन्दुओं के इस कोण से उस कोण तक
खींचते हुए रेखाएँ आने और जाने के नाम की

कि चौबीस घंटों की गिनी हुई मात्र चौबीस साँसें
चौबीस तत्त्वों से ऊपर का कोई संघटक हो सकती है...
कि कैसे और किसको बताया जा सकता है कि
एक ऐसे पत्थर पर बैठ कर
जिसे बाँहों में भरने की सारी इच्छाओं के बावजूद बाँहों में भरा न जा सके

बहती हुई नदी में पाँव डाल कर बैठने भर से
अँगूठे के प्रवेशद्वार से पूरी देह से गुज़रते हुए आँखों में उतर जाती है
एक पूरी की पूरी नदी
अपने उद्गम से अपने अनन्त तक...
कि शहर के एक कोने में ठहरा हुआ एक व्यक्ति
एक सूर्योदय और एक सूर्यास्त के मध्य
एक शहर से मोहब्बत के सारे अक्षर
अपनी पीठ पर लिख सकता है...
कि अक्सर इस तरह से मिले हुए एक शहर के लिखे हुए पन्ने किसी और

शहर के घर के दरवाज़ों के अन्दर पढ़े जाते हैं...

कि पीछे छूटे हुए ऐसे किसी शहर के हिसाब
ताउम्र जमा के खाने में लिखे रहते हैं...।

गुज़र गया एक और दिन

धृतराष्ट्र देश की
अन्धी महाभारतों में
सारे 'भीष्मपुत्रों' की
गर्दनों को रेतता हुआ
देखो आज फिर
गुज़र गया
एक और दिन
हाथ मलता हुआ

शब्द-अशब्द
स्वीकृति-अस्वीकृति
सहमति-असहमति
उपस्थिति-अनुपस्थिति
अमर्ष-विमर्श के
स्वाँगों की रामनामी ओढ़े
शकुनि राजनीति की
त्यौरी चढ़ी बिसातों पर
झल्लाते पासों का
एक और दाँव
खेलता हुआ
गुज़र गया

एक और दिन
हाथ मलता हुआ

पेट के बल
औंधे मुँह लोटती
खोखले बादलों की
सूखी वर्षाओं के
भविष्यफलों का पत्रा बाँचता हुआ...
गुज़र गया
एक और दिन
हाथ मलता हुआ...।

सिलसिला

मेरे भीतर
एक फ़रियादी सूरज
रोज़ एक
बहरे आसमान में चढ़ता है,
गुहार लगाता है,
सर पीटता है और
बेआवाज़ दिशाओं के
गमछे से
अपने पसीने को पोंछता हुआ
मेरी विवशताओं के
पश्चिम में ढेर हो जाता है
क्या करूँ
रोज़ का यही सिलसिला है।

एक हस्ताक्षर...गूँगी दुनिया के उस छोर पर...

[सत्ताईस नवम्बर उन्नीस सौ तिहत्तर की एक बेहद अँधेरी रात में मुम्बई के किंग एडवर्ड मेमोरियल अस्पताल में कार्यरत नर्स 'अरुणा रामचन्द्र शानबाग' पर उसी अस्पताल के एक अस्थायी सफ़ाई कर्मचारी 'सोहन लाल भरथिया वाल्मीकि' द्वारा हमला किया गया। उसके मुँह में अस्पताल की प्रयोगशाला के कुत्तों को बाँधने वाली चेन ठूँस दी। अरुणा शानबाग के साथ अप्राकृतिक दुराचार किया गया। पिछले सैंतीस वर्षों से अरुणा रामचन्द्र शानबाग उसी अस्पताल के एक बिस्तर की स्थायी निवासी हैं...(इस कविता को लिखने के कुछ वर्षों बाद 18 मई, 2015 को अरुणा शानबाग की मृत्यु हो गई।]

1

चोरियों और बेईमान
नीयतों पर उठती तुम्हारी
प्रतिबद्ध, धर्मनिष्ठ, कर्मनिष्ठ
अबोध पागल तर्जनी की
आँख और अन्धी क़िस्मत की
लकीरों को, पता ही नहीं था
किसी के काले अँधेरे सीने में
उगते फुफकारते विषदन्तों का...।

2

एक स्त्री का

अपनी संवेगों से भरी
सधी रज्जु पर
सीधे तन कर खड़े होना
दंडनीय है
सधापन जाग्रत कर देता है
'उनके' तहखानों में
क्रूर 'गोधराई' अट्टहास,
नहीं जानती थीं ना तुम
उनकी प्रचंड इच्छाओं की
तनी हुई नुकीली बर्छियाँ
तुम्हें मारना कहाँ चाहती हैं
वो करती हैं छिद्रान्वेषण
कील आसनों पर
तुम्हारी देह और आत्मा का

नहीं ही जानती थीं तुम
कि देवालयों में बहुत ऊँचे टाँगे गए
छिद्रित मटकों से
बूँद दर बूँद टपकता है
तुम्हारा ही तो रक्तप्राण
जो करता है—
और-और सम्पुष्ट और संवर्द्धित
उनके अनन्त पुरा स्थापित
लिंग बोध के दावानल को
जाने कितनी ही योनियों तक
होता है रुद्राभिषेकित
हर कोने की सड़ाँध पर
कुकुरमुत्तों से उग आने को
अपनी बजबजाती ग़लीज़
रक्तबीजी पीकों से

तुम्हें सान ही डालने को

नहीं ही जानती थीं तुम
कि कीचकों की आधारशिलाओं पर
सर उठा इतराते हैं
मृत पथराए
स्वर्णिम कँवल शिखर
नहीं ही जानती थीं तुम
कि ब्रहन्नलाएँ तो कभी की
मर चुकी हैं।

3

काल के
उस खंड में
तुम्हारी आवाज़ की बुलन्दी
एक अदद ज़िन्दा फाँस थी
गड़ती-चुभती करक...
उस पुरुष का अहम था
जिसे लोहे की
जंगही नुकीली सुई से
कुरेद कर निकालना...
बेहद ज़रूरी था उसके लिए कि
जीवन पृष्ठ की लहर पर
तनी हुई ग्रीवा
और उठे हुए शीर्ष की
सारी मुखरताओं में ठूँस दिया जाए
कुछ बेहद जड़...
बेहद ज़रूरी था उसके लिए
मुखरताओं के ख़मों का

दम निकालना
और उनकी दुमों का
पालतू कुत्तों की तरह
उसके आगे-पीछे रिरियाना
निहायतन ज़रूरी था
एक पुरुषत्व के नपुंसक
सिकन्दरी घाव का
भरपूर सहलाया जाना।

4

चार दशकों में बस
तीन ही बरस तो हैं कम...
सैतीस बरसों में
कितने दिन काटे गए हैं
कोई भी गिन सकता है
वक़्त और अन्तरालों की
दुनियावी घड़ियाँ

पर गणितीय मानकों के गणनांकों से परे
लम्बी बेहद लम्बी
रंगहीन खनकहीन
सूनी सफ़ेद वक़्तों की हैं ये
विधवा बिछावनें,
उस पर सैंतीस वर्षों से पड़े
(हाँ पड़े ही तो)
उस एक निश्चेष्ट अचल चेहरे का
अखंड पाठ
बेहद गहरा है
मेरा सारा पढ़ा लिखापन

दहशतों के निवाले निगलता है
शून्यताओं के बीहड़ अनन्त में
खारे समन्दर की लहरें भी
सहम कर,
हाँ सहम कर ही तो
सूखे कोने थाम कर बैठी हैं
उसकी आँखों के
पूर्वांचल में
सूरज को
उगने की मनाही है
उसकी पलकों की
जाग्रत नग्नता में
जबरन उतारे गए हैं
रातों के स्थायी
उतार और चढ़ाव

सवाल और जवाब भी
कोई मुद्दे हैं क्या—
गूँगी दुनिया के उस छोर पर
जहाँ हलक में
ठूँस दी गई हैं ज़ंजीरें

निर्ममता की सारी सीमाओं से परे, तोड़ कर
खींच ली गई हैं
शब्दचापों की देह की
सारी साँसें
जैसे एक ही वार में
तहस-नहस कर
काट डाली गई हों
संवेगों की सारी जड़ें

जमा कर दफ़ना दी गई हों
जैसे दक्षिणी ध्रुव के
किसी बेपनाह ठंडे
गहरे अँधेरे टुकड़े में।

5

किसी कृष्ण विवर में
सोख ली गई हैं एक हरे-भरे खिले जीवन की
प्राण वायु की उदात्त ऊर्जाएँ
अन्ध चक्र आँधियों के भँवर ने
लील ही तो डाली है
चाँद तोड़ती
अपनी बाँहों में तारे टाँकती
आसमान ताकती
युवा स्वप्नों की
बल खाती अमर बेल,
एक सपाट सूने भाव शून्य
आयत पर रखी
अलटाई-पलटाई
उठाई-धरी जाती है
शय्या-घावों और
देखभाल के नाम पर
कहते हैं कि
वो बस अब 'सब्ज़ी' भर है
"सब्ज़ी भर है"...
वक़्त की बही के श्मशान में
सत्ताओं के निर्लज्ज
अघोर अभिलेखागार में
पंजीकृत है वो

अपने एक स्त्री भर होने के
अपराध के नाम...।

6

क्यों जीवित है वह
क्या महसूस करती है वह
क्या है
जो थाम कर रखता है
सैंतीस लम्बे वर्षों से
उसकी साँसों की
एक-एक
कड़ी दर कड़ी
तो सुनो
सूनेपन के हाशिए पर पड़ी
अन्धी और भूखी-प्यासी
ज़िन्दगियाँ भी
दर्ज कराती हैं
एक ना एक दिन
अपने जमे हुए अस्तित्व के समूचे प्राण
हाँ एक दिन किसी रोज़
चुपचाप उठ कर हाशियों से
चली आती है
वक्तव्य पृष्ठों के
बिल्कुल बीचोबीच में
और तुम्हारे बर्बर नपुंसक साम्राज्य में
जबरन अपनी उपस्थिति की ज़िद का
शाश्वत पट्टा लिखा डालती है।

बिटिया का जाना

ड्राइंगरूम के सोफ़े के नीचे से झाँकती
एक चटक बैगनी स्लीपर
फ्रिज के डोर में ढनकती चौथाई बची स्प्राइट
मुड़ी-तुड़ी पन्नी से अपने दाँत झलकाती अधखाई चाकलेट

जिस-तिस कोने से झाँकती
उसकी बनाई हुई सपनीली,
पनीले रंगों वाली कचबतिया-सी चित्र लेखाएँ
डिब्बे में बचा थोड़ा सा अनमना कॉर्नफ्लेक्स

दूध वाले के नपने के नीचे
घटा हुआ दूध का अनुपात
सुबह से अनछुआ
अपने ग़ैर कसे टेढ़े मुँहवाला जैम

लटके हुए फीके चेहरे वाला टोस्टर
फ्रीजर में ख़ाली पड़ी आइस ट्रे
पीछे छूटी एक अदद स्कर्ट
एक बिना पेन का ढक्कन

सब के सब मिल कर
मेरी उदासियों को बेतरह मुँह चिढ़ा रहे हैं

बहुत कोशिशों के बाद भी रहती हूँ नाकाम
कोई भी चीज़ उसकी खिलखिलाहट की
अनुपस्थिति को भर नहीं पाती है
सोनचिरैया फिर से उड़ गई है ना
बस ऐसे ही मेरी
सोनचिरैया आती है जाती है और
अपने दो-चार पंख छोड़ कर
फिर से उड़ जाती है...।

धुन

इन्तज़ार!
हाँ नहीं तो
और क्या
इन्तज़ार की कुर्सी पर
टेका दिए एक धुन,
एक टुकड़ा धूप,
आठ दाने चीनी के,
एक पत्ता तुलसी का,
अहो!
लहकती त्रिनेत्री छवि
और लो
अँगूठे के ज़िदियाए सिरे ने
खीझ कर हाँ खीझ कर ही तो
'तुम्हारे' माथे पर टिपिया दी
अपनी ज़िद की एक खीझी हुई लोहित टीप
चलो भी अब
इस दिन को भी उठाएँ
अपनी मुस्कराहटों की उँगलियों पर
एक पंचाग्नि ताप उगाएँ
और

हथेलियों के स्टूडियो पर
चुपचाप
बेआवाज़
चलो इसे भी बैठा ही आएँ...।

सपना

क्या तुम्हें पता है, कि
तुम्हारे घर की
रसोई में,
एक सपना
रोज़ चढ़ाता है
गैस पर अपना ही बर्तन
फिर खिड़की से
उचक कर तोड़ लाता है
थोड़ा-सा नीला आसमान,
एक टुकड़ा सूरज,
एक चुटकी धूप,
कुन्ने के पीपल की
हरी-पीली भरी पत्तियाँ,
मुट्ठी भर उड़ती चिड़ियाँ,
चौराहे की आमद-रफ़्त,
फिर सब के सब खौलते हैं
बर्तन के पानी में
और बस
बन कर उड़ जाते है 'भाप'
तुम्हारी दुनिया के
अपने आसमान में...!

क़बूल—हरी हो मन भरी हो

पीतल की मजबूत—ख़ूब मजबूत
खल्लर में डाल कर
कुटनी से कूटी जाएगी
ख़ूबसूरत गठीली
छोटी इलायची
नुकीले सँवरे नाख़ूनों से
छील ही डाला जाएगा
उसका नन्हा चोला

कचरे का डिब्बा
या खौलता पानी
या सिलबट्टे की खुथरी बटन है
उसके हरैले ताजे चोले का ठिकाना...

हाथ में हाथ फँसाए
गलबहियाँ डाले
सारे बचुआ दाने
छिटका दिए जाएँगे...

बरसाई जाएँगी
बेमौसम की मारें...

क्या फ़र्क़ है
अश्रु गैस के हों हठीले गोले
या हों बेशर्म उतरे हुए
पानियों की मोटी पैनी धारें...
कूट-कूट कर पीसी जाएगी
बारीक़, चिकनी ख़ूब ही चिकनी,
और जबर ख़ुशबूदार...

अरी...!!! पग्गल...!!!
काहे का रोना...
काहे का कलपना...
सारा क़सूर
तेरे चोले में छिपी
तेरी ही महक का है...।

मैं रही प्रतीक्षा...और तुम ठहरे इन्तज़ार...

कितना बेमोल है इन्तज़ार
कितनी बेनाम है प्रतीक्षा
कितने दिन—कितने आगत,
कितने विगत बना गया...

कितने धूप भरे क्षण
ले गया चुरा कर
यही इन्तज़ार...

घट जल-सा ठहरा...इन्तज़ार
सुबह की तरह
हाथों से सरकती...प्रतीक्षा
कितनी व्यग्रता
कितना रोष और आक्रोश
धूल-सा उदास मन
इतना सन्नाटा...

इतना कुछ लिखता हुआ
फिर भी नि:शेष गहराता
कितना कुछ ख़त्म हो जाता
फिर भी घटता नहीं कुछ विशेष...

कैसे कहूँ कि
इन्तज़ार को बोने से
कुछ भी इधर-उधर नहीं होता
प्रतीक्षा को जोतने से
एक भी सवाल हल नहीं होता...

फिर भी किसी बाँसुरी पर
उँगलियों की तरह
बहुत सारे छिद्रों पर दौड़ता और
बजता ही रहता है इन्तज़ार...

और उसके घर से बहुत दूर
कहीं और बजती
उन्ही धुनों में
अपने जाने-अनजाने में
किसी बच्चे की नींद
सोती और होती रहती है प्रतीक्षा...

पूरे-सारे जीवन भर इन्तज़ार की मुट्‌ठी में
प्रतीक्षा की उँगली है...
और जबकि इन्तज़ार के प्राण प्रतीक्षा में हैं फिर भी
स्त्री और पुरुष दोनों ही शीर्षासन में हैं...

और ख़त्म नहीं होती...मेरी प्रतीक्षा
और ख़त्म नहीं होता...तुम्हारा भी इन्तज़ार!

आँगन के पार

दिन भर के
सन्नाटों से,
कमरे के ठंडे
कोनों में पड़ी
पीली, ऊबी हुई
लड़की ने
खोल लिए
'आँगन के पार द्वार'
चौखट का टेका लिए
देहरी पर बैठी लड़की
तुमको पुकारती
परन्तु जीवन में
तुम हो कहाँ
'अज्ञेय'
बस तुम्हारी तलाश
स्थिर आँखों से
आसमाँ के उस पार!

तुमने कहा था

तुमने कहा था मुझे
पिछले बरस
एक रोज़
कि अबकी बरस
जब मैं आऊँगा
तो फिर
तुम कह सकोगी
कि मैं,
बस तुम्हारा ही हूँ
तुम्हारे लिए ही
जीता और मरता हूँ
बस थोड़े से दिन काट लो
यह वक़्त यह पल
ज़रा गुज़र जाने दो
तुम थोड़ा सा इन्तज़ार कर लो
मैं तुम्हारा ही हूँ
दूर रहता हूँ तो क्या
काम में व्यस्त हूँ तो क्या
अभी अपनी ही धुन में हूँ तो क्या
इस बार
जब मैं आऊँगा

मौसम बन कर
सीधे
तुम्हारे दिल में उतर जाऊँगा
बिना बादलों के ही
बरस जाऊँगा
तुम्हारी मीठी नमी में
बस जाऊँगा

तुम्हारे वादों की हथेलियों में
मैं मुस्कराई थी
और तुम्हारी आँखों में
अपने सारे सपने रख आई थी
सरसों की पीली धूप
तुम्हारे आँगन में खिला आई थी
सिर्फ़ तुम्हारे लिए
उस पिछले बरस पर
चढ़ गए
जाने और कितने
पिछले बरस
दूरियाँ समन्दर हो गईं
इन्तज़ार भी गया गुज़र
उड़ गया
आँखों से नमक
कोनों में सिमट गई
मुरझाई धूप
वादों की हथेलियों में
पड़ गई सलवटें
न वक़्त रहा
न लम्हे
न तुम आए

न मौसम
सूखी नदिया
बिन बूँदों के तरसे
बिन बादल के
कौन यहाँ बरसे
तुम ने कहा था...
तुम आओगे।

भ्रम

[शाहबानो के लिए]

सुरमा,
पान की लाली,
एक महकता छोटा सूरज,
उँगली का ऊपरी सिरा
था जिसे मध्य में टीपता,

दो हाथ,
कुछ खनखनाता संगीत,
एक में
गृहस्थी का सुर्ख गुलाब,
एक में पानदान,
स्वयं तुम्हारी नज़रें कहतीं
'तुम तो शाह हो बानो'
और तुम्हारा दिल
हामी भरता
छियालिस बेदर्दी और बेरहमी से
तराशे, रत्नों जड़े
सधे हाथों से ढले
नून, तेल, लकड़ी
और कुछ

शामिलाती जीवित अक्सों के
तख़्त-ओ-ताज़ की
नाज़ुक मलिका
तुम ही शाह थी बानो?
वही ना जिसने चढ़ी
राजधानी में
सर्वोच्च न्याय-स्थल की
समस्त सीढ़ियाँ
और पाया अपना
जबरन छीना हुआ हक़
पर तुम
जंगलों में जीने वालों को
नहीं जान पाईं

नए नियम बानो,
हाँ, नए नियम
तुम्हारे जैसी
सीढ़ियाँ चढ़ती बानुओं के
पंख कतरने को
रच डाले,
बानुओं की गृहस्थी के विधाताओं ने
निगल लिया तुम्हारा
पाया हुआ हक,
सुरमा लगाए
सदियों से कलपती
छाती कूटती
किस, सुर्ख भ्रम की
ख़ुशबू में
तुम आज भी
शाह हो बानो!

सुख

वो रात-रात रोती हैं
उनकी खुली आँखें नहीं सोती हैं
वो कहती हैं
अब ये सपनों में नहीं खोती हैं

अम्मा के पेट के तीनों बलों की नरमी में
उँगलियाँ फेरते
मैं उनसे और चिपकती हूँ
सुनती हूँ अनकहा
देखती हूँ अनदेखा

कमरे, रसोई, आँगन
बर्तन, जूना, मँजना
नौकर-चाकर
घर-दुआर
रुपये, गहना-गुरिया
गाड़ी, ड्राइवर
देवर-देवरानियाँ
नाते-पनाते
भूख-प्यास
सब कुछ तो है

और बिल्कुल वैसे ही है पर
अम्मा पल-पल कहती हैं...
पति नहीं मेरा सुख चला गया है...
वृथा है जीवन...
अब काहे का सुख...

मैं उनसे और चिपकती हूँ
पर वो नहीं चमकती हैं
...दो बरसों से
अम्मा बिल्कुल नहीं मिलती हैं
बस मिलता है दुख...
मुझे अम्मा के गले लगना है
और अब मैं पी जाना चाहती हूँ
उनके साथ के छूटे का दुख...
कहना चाहती हूँ
देखो मैंने तुम्हारे लिए
अपने पास बचा रखे हैं
कुछ थोड़े बहुत सुख
सिर्फ़ तुम्हारे अपने लिए
तुम्हारे अपने सुख...।

कछुए की पीठ का रेखागणित

"हम सब मशीन हैं तुम भी मैं भी..."
और मशीनों का क्या होता है...
शून्य...
शून्य / शून्य = शून्य परिणति...
कुछ भी नहीं...
हाँ कुछ भी नहीं...
कभी भी नहीं...
कहीं भी नहीं...

कि क्यों सारे दिनों की शुरुआत सर्द और मशीनी है...
कि क्यों इनमें नहीं है पीले फूलों पर पड़ती हुई पीली धूप...

कि क्यों इनमें नहीं है आँच पर चढ़े चाय के पानी में
मनचीती आकृतियाँ उकेरती अधघुली वो भूरी रंगत...

कि क्यों है यह एक ऐसा मौसम जिसके तीसों दिनों के अम्बर पर लिखा
हुआ है उसके ना होने का वक्तव्य...

कि क्यों ऐसे 'ना-अम्बर' की सुबह की ख़ामोश ठहरी हुई
धुन्ध को छू कर खिड़की से
तिरछी रेखाओं में फिसल कर

कमरे में उतरते हुए
किन्हीं मुलाक़ातों के नीचे
डूबे पड़े क्षण,
अपनी डुबक के बुलबुलों में से
सर उठा कर बस एक साँस भरने भर में ही
कैसे तो कह ही डालते हैं...
साथ और संगतियों का
मरे पड़े होना...

कि क्यों कछुए की पीठ पर जनम से चिपकी उसकी पृथ्वी से जड़ होते हैं
अक्सर ही हमसे चिपके हुए सम्बन्धों के विरसे...

कि चुके हुए
मुर्दा सम्बन्धों का
और-और जिन्दा होते जाना, हमारी पहचान में जुड़ते जाना,
उनको ही हर पल ढोते हुए चलते चले जाना...
जीवन के नरक होने की निर्मिति के सिवाय कुछ भी नहीं है...

कि नरक भी एक अहसास है, अहसास भी निर्मिति है??
अक्सर ही जीवन कछुए की पीठ का रेखागणित है...।

घर

टूटे बिखरे मन के
कच्चे कूलों का
ब्याह रचाया,
दो वस्त्रों का गठबन्धन,
सिन्दूरी रंगत
माँग भरी—
आह, स्याह छाया

माहुर लगे
बिछुआ सजे पाँव
सबके मन भाए
पर, धान को
परे धकेल
आगे बढ़ते
पाँवों तले
आदर्शों की
साँवली पड़ती
रुपहली काया
कोई देख न पाया
ओस की बूँदों-सी लड़ी,
हवा और भीनी ख़ुशबू,

प्रतिबिम्ब छुआ
बाँहों में लिया
पर मन पर
कोई बन्धन कहीं
कहाँ लगाया,
सपनों की मरी काया
कपड़े-लत्ते
गहने-गुरिया
ढेरों-ढेर सामान
इतना अर्जन
यहाँ से वहाँ तक
कमरों में गया सजाया

इस दीवार से उस दीवार तक
—जाते—
—एकटक—
—अपलक—
घूरते
सबकी दुलारी
पगली छोटी
तुझको—
घर क्यों नहीं दिख पाया!

24.8.2011

तीन सौ पैंसठ अंकों के
हर कोण पर
उठता है
वर्चस्व और सर्वशक्तिमानता का
निर्मम सैलाब,
सर तक रोज़ डूबता है
एक अस्तित्व का
दूसरे की सत्ता में
कैसे तो भी
बचे रहने का
छटपटाता द्वंद्व,

उसका समन्दर है भयावह बदरंग,
दाँतों की किटकिटाहट
अकल्पनीय दृश्य, बीभत्सता, विद्रूपता
और लात-घूँसों की
आसुरी मुद्राओं के मध्य
लपकती है अष्टभुजी
मादरी गालियों की दबंगई...

दैनिक सुनामी गर्जना में

रोज़ ही याद आता है
बचपन में देखा
सुरसा का मुख...

उसी की बनाई
उसी के हाथों से गुँधी
और सिंकी नरम रोटियों के लहू पर
पाली और पोसी गई सत्ता
निगल जाती है
उसी की इयत्ता

रोज़ मरती और जन्मती
पाँच गजी धोती में
बिना एक उँगली से भी छुए
रोज़ होती है बलात्कृत,
चहारदीवारी के मध्य संरक्षित
सर से पाँव तक लदी-फँदी
घूमती है निर्वस्त्र...

मुँह टेढ़ी बालियाँ,
टूटी चूड़ियों की बुहारन,
दो-चार बूँद टपका सूखा रक्त
साक्षी हों भी तो
किसके विरुद्ध
और किस बात के...

मरे हुए चेहरे से
टपके ज़िन्दा आँसुओं से
कोई ख़ाक हुआ है क्या कभी!

उम्मीद

कम से कम
तुमको तो
मेरा यक़ीन करना ही चाहिए
बिना किसी
दुनियावी अहद के...
तब
जब कि स्वयं
मैंने बताया था कि
आज धूप के हाथ
बेहद ठंडे हैं...।

बहिष्कृत

उस पल की मिट्टी
आज भी
मेरे ज़ेहन में
उतनी ही और वैसी ही
ताज़ा और नम है
जैसे कि उस रोज़
मेरी उँगलियों के
पोरों पर लिपट कर
उन्हें बेमतलब ही चूमते हुए थी
जब...
मैंने तुम्हें बताया था कि
'मैं तुम्हारे प्रेम में हूँ'
थामी हुई हथेलियों के
नीम बेहोश दबावों के मध्य
जाने कौन से और कैसे
हर्फ़ों में लिखा था तुमने
एक ऐसे
साथ का वचन-पत्र
जिसकी दुनिया में
प्रेम की ख़ारिज क़िस्मत
ताउम्र रोज़े पर थी...।

यही है प्रारम्भ

यह आँखों के आगे
डाला है किसने
मुट्ठी में भरा
अपने अन्तर का अँधेरा,
क्यों, कहते क्यों नहीं
कौन हो तुम?
चाहते हो
मात्र चूमने के लिए
दिखते रहें मेरे,
तुम्हारे स्पर्श से हीन होंठ
और घुप्प अँधेरे में
उजाले को तरसते
हृदय में बुन डालूँ
तुम्हारी इच्छा के
जाल की ज़मीन का
बेसब्र आसरा!

सुनो—
जाओ तुम
कहीं और
ले कर अपनी

यह अन्ध तलाश
मैं तुम्हारी अँधेरी राह
टटोल नहीं सकती
मात्र चूमे जाने
और बाँहों में कसे जाने का अँधेरा
आँखों में
उजालों का घर रचे मैं
अस्वीकार करती हूँ...

तुम्हारे स्वप्नों में
तुम्हारी इच्छा के स्वप्नों में भी
व्यक्ति नहीं
सखी नहीं
मात्र देह समझा जाना...

समझ लो—
यही है प्रारम्भ
तुम्हारी चाहत
और मेरी चाहत के
टकराव-बिन्दु का!

कोई तो बताए

क्या बाँध कर रखूँ
अपनी चोटी के फीतों में?
कमरों से झाड़ी धूल,
तोड़े हुए
मकड़ी के घर या
कुचली हुई उनकी लाशें,
रसोई में पकते
खाने की महक,
या बेकार में पढ़ी
कानून की किताबों की धाराएँ,
बताओगे नहीं कभी क्या—
बाँध कर रखूँ क्या
अपनी चोटी के
फीतों में!

साँस

जाने कब से
सुनते आए थे
कि बिजलियाँ गिरा करती हैं
आसमानों से

कुछ रोज़ गुज़रे हैं बस
आसमानों में हमेशा उड़ने की
आदतें ही तो सुधारी हैं ज़रा
चार सीढ़ियाँ ही तो
उचकते पंजों ने उतारी हैं ज़रा
उनके सिरों में आँखों ने
उनींदी पलकें खोली ही तो हैं ज़रा
देखो भी जाने कब यह बात हुई
कि बिजलियों ने
किसी बरस
किसी रोज़
ज़मीन में बो दिए थे अपने बीज

और अब बिजलियाँ
ज़मीन में कहीं बहुत गहरे से
मेरे तलुवों के नीचे से उगती हैं तो ठीक

तय रहा
मेरे कहने को
बिजलियाँ अब गिरा नहीं करतीं
मेरे तलुवों की
कोख तले उगा करती हैं।

लच्छमी

ये लच्छमी की तो आदत पड़ गई है
उल्लू पे बैठे रहने की,
दिन में अन्धे निशाचरी
पंजों के भरोसे हवा में
उलटे टँगे रहने की,

बेढब रहनी, उलट सिर बेआधार,
किसी भी कोने पे टिकती, झूलती...
झूलेलाल की पक्की मुरीद...
खुली आँखों से दिन-दिन भर
मुट्ठी भर-भर उजाले खाती है
पर पेट की जरा कच्ची ही है
भुक्खड़ कहीं की
अँधेरे में
इसका ज़िन्दा पेट मचलता है
आँतों की साँसें कराहती हैं
गहरी आहें भरती हैं
तब जा कर कहीं निकलती है इसकी
फिसलपट्ट, उलूकउड़ान
और घुप्प गहरे जले अँधेरों में
फिर-फिर खाने को मांगती है

उजाले
और बस उजाले
अरी नामुराद
अब बन्द भी कर माँगना
और उलटे तवे पर रोटियाँ पकाना
अपने लेखे का भारी गठ्ठर बाँधे घिसटती है
करमजली सुन
तू अँधेरे ही क्यों नहीं खा जाती
ये निगाहें तेरी ही हैं जो पसारती हैं अपने खोजी हाथ-पाँव
फैलाती हैं बहेलिये-सा बारीक़ बुना अपना जाल...
निगाहें ही हैं जो फेंकती हैं उनके नीचे
दानों के अपने ही दाँव...

लक्षित के याचित
सोंधे गन्ध पंछी
माटी से आसमान तक
हिलोर मारते हैं,
ये निगाहें तेरी ही हैं
जो सोए प्रहरियों को धकियाती हैं
उनींदी आँखों में
जागते रहो-जागते रहो की
फुसफुसाहटों के
छींटे मार आती हैं
यूँ ही बस कुछ ऐसे ही
ज़िन्दगी की हथेली में
अपनी मर्ज़ी की
एक लकीर खींच आती हैं
सुनो, लच्छमी
बस ऐसे ही
आदतें भी बदल ही जाती हैं।

मुमुक्षा

चारों ओर
बहता हुआ
लाल-लाल रक्त
इधर-उधर तड़पती,
दर्द से छटपटाती,
हथेलियों को भींचती-खोलती,
फैली उँगलियों को देख
जाने कहाँ
आधार को खोजती,
लाक्षागृह में तपती,
आस-पास फैले मरघट को
साँसों में लिए
मौन चीत्कार की
मुमुक्षा समेटती,
अपनी जागृत-सुषुप्त
सामर्थ्य को टटोलती,
विनाश के जयघोष में
सृजन की मृत्यु को देखती,
विध्वंस के मध्य
अग्नि फूल चुनती,

सृष्टि की एक माँ
अपनी कोख में
सूर्य के अंकुरों को पालती!

अपने से अजनबी फुलगेंदवा

अस्पताल का यह संवाद रूपी दृश्य एक स्त्री जीवन की असावधानता
में उस पर
गुज़री कहानी उसी की ज़बानी कहता है...
नाम बताओ?
"फुलगेंदवा"
फुलगेंदवा?
किसने रक्खा यह नाम?
"हम्मै पता नाय,
पर अउर कौन रखिए, अम्मै रक्खिन हुइयें"
शादी को कितने साल हो गए?
"हुई गए दुई-चार बरस"
रजिस्टर पर कैटवॉक करती कलम की चाल
कुछ परेशान हुई—दुई कि चार?
"तीन लिखि लेव"
उम्र बताओ?
"हुइये बीस-बाईस बरस"

इस बार लिखती कलम ने आँखें उठाईं
और वाक्य ने घुड़का—ठीक से बताओ
बीस-इक्कीस या बाईस...?
फुलगेंदवा का जवाब रिरियाया, "हम कैसे बतावें,

अम्मा कबहूँ बताइनय नाईं,
अउर हम्मैं उमर से कछु कामऔ नाय परौ"

खीझी हुई कलम ने घसीट मार उम्र दर्ज की
बीच की इक्कीस बरस
महीना कब आया था?
उसने साथ वाली स्त्री का मुँह ताका, "काय जिज्जी तुम्हें कछु याद है?"
साथ वाली जिज्जी मुँह दबा के हँसी, "हमें कईसे याद हुइये,
तुमाई तारीख तुमई बतावो..."

कलम की घिसी और ख़ूब मँझी हुई ज़बान से
सवाल कूदता है—होली से पहले कि बाद में?
एक-दो मिनट सोचा जाता है
और गहरे सूखे कुएँ की तली से
खँगाल कर निकाला जवाब
गिरता है, "होरी जरी थी ताकै दुई रोज़ बाद"
दर्ज हो जाती है तारीख़...

पति का नाम बताओ?
अबकी फुलगेंदवा मुँह दबा कर हँसती है अपना सर ढक लेती है
कलम डपटती है—जल्दी बताओ...
"अरे वोई मोरपंख वाले मुरलीबजैया..."
कलम अटकल लगाती है—कृष्ण...
"नाईं...
जाई को कछु बदिल देवो और जाई में चन्द्रमऔ जोरि दिऔ"

कैटवॉक के परास्त हाथों ने अपना पसीना पोंछा,
कलम ने रजिस्टर पर अपना सर धुना ठंडी साँसें छोड़ीं
और अटकलपच्चू नाम उचारा—किशनचंद
तेज़ घाम में झुरा गई

फुलगेंदवा खिल उठी चटक-चमक,
जामुनी रंगत में जैसे सफ़ेद बेले फूल उठे, “हाँ बस जेई तो हैं हमारे वो”

क़लम ने परचा तैयार करा
मार खाने की अभ्यस्त घंटी को थपड़ियाया
और सधे हाथों ने परचा डॉक्टर की मेज़ पर ले जा कर
एक अजनबी वज़न के नीचे दबा दिया...।

अस्पताल में मिली स्त्रियाँ

1

दरवाज़े के बाहर खड़े
घरवाले की
अन्दर बैठी घरवालियाँ
घरवाले हैं घोषित राजा
घरवालियों की समझ से
वो हैं अपनी ही मनमानी रानियाँ
पर मेज़ के इस पार से उस पार
आँखों के गठजोड़
परोसते हैं
किसम-किसम के राजाओं की
किसम-किसम की
वैध-अवैध प्रजाएँ।

2

अक्सर
मेज़ के उस पार
आ कर बैठती हैं
अनजान-सी स्त्रियाँ

जानी-सी स्त्रियाँ
सुन्दर औरतें
असुन्दर औरतें
कैसी भी हों
खोलती हैं सब की सब
गाँठ दर गाँठ
अपने सद्गृहस्थ सँवरे
बालों की लटों में उलझा
अपना झेला
सजा-धजा
अझेल साम्राज्य...।

3

स्त्रियाँ
जाँची जाती हैं
आँखों से
सवालों से
उँगलियों के पोरों से
पूछे गए इतिहास से
कही-अनकही
रुग्ण व्याख्याओं से
सुनी जाती हैं आलों से
देखी जाती हैं
ख़ूब ही गहरे
जाने किन-किन ताखों से,
भाँति-भाँति के नमूनों से
परखी जाती हैं
पूरा का पूरा ही
परोस दी जाती हैं स्त्रियाँ

अजनबी हाथ,
फिर अभिलेखों में होती हैं दर्ज
यूँ ही बस
किसी पुरानी
गुम चोट के नाम...।

4

स्त्रियाँ
कहीं भी छुई जाती हैं
डाँटी जाती हैं
डपटी जाती हैं
कसी जाती हैं
गहरे बिने चोटीले मुसक्कों से
पुचकारी जाती हैं
लात मारती गायों-सी
और गरदनिया कर
बाँध दी जाती हैं
दुधारे खूँटों से...।

5

स्वागत कक्ष में
समान शुल्क चुका कर आईं
संदिग्ध स्त्रियाँ
असंदिग्ध स्त्रियाँ
मंगलसूत्र सिन्दूर
पहन कर आईं स्त्रियाँ
मंगलसूत्र सिन्दूर
पर्स में रख कर लाईं

छिपे कोनों में पहनती स्त्रियाँ
आख़िर इनकी ज़रूरत ही क्यों है...?

6

स्त्रियाँ
दिखाती हैं
संकोच, शर्म और मुस्कान
इच्छाएँ
अपनी-तुम्हारी
दर्द, कष्ट और बेशर्मी—
शारीरिक, मानसिक और सामाजिक,
विस्तार पटल पर
क्या कहूँ?
और क्या दूँ?
उनकी खन्दकों में
धरती-आसमान
ज़मींदोज पाताल
या फिर तीनों ही...।

7

स्त्रियाँ
आँखों में भर लाती हैं
पुरुष इच्छाओं और
सुसंस्कारों की
चौड़ी अँधेरी छाती
बाहुबली, पक्के
अवैध क़ब्ज़ों की मनमानी
कराती हैं उनसे

खुले हाथ
किन्नरों-सा
ज़बानी जमा ख़र्च बस...।

8

छोटे-मोटे
लम्बे-पतले
मेल-बेमेल
ख़ूबसूरत-ग़ैर ख़ूबसूरत
कैसे भी हों जोड़े
सब को हाँ—
सभी को चाहिए है
राजकुमारों की
परजीवी अमरबेल
किसी की भी चाहना में
हैं ही नहीं
अक्षय वटवृक्ष-सी घनी
पोषक राजकुमारियाँ
झूलते हैं
जिनकी लटों में
पासे फेंकते ये ही
शकुनि राजकुमार...।

9

स्त्रियाँ
अपने साथ
कितना कुछ बटोर लाती हैं
और सब उलट देती हैं

बहुत जल्दी-जल्दी
फिर ख़ाली हो जाती हैं
दुबक जाती हैं
भरी कुर्सियों पर बैठे
खालीपन के हाथों में
परती पड़ी उनकी आँखें
बिठाती हैं
अपने-अपने हिसाबों की पंगत,
और बिछाती हैं
माँगों की अपनी-अपनी पत्तल
मेज के इस पार से जाते हैं
आँखों, शब्दों और
थामी हुई उँगलियों के
बड़े-बड़े निवाले
वो सब परोसा खा जाती हैं
बहुत जल्दी-जल्दी
भुक्खड़ भिखारी की तरह
और बजती हैं किसी...
...नैनसुख के कटोरे में
खनखनाते खोटे सिक्कों की तरह...।

उम्मीद...एक क़मीज़ को उतार कर लहराए जाने के बहाने से...

[सितम्बर 2012 में प्रधानमंत्री की किसी सभा में एक व्यक्ति द्वारा विरोध-स्वरूप अपनी क़मीज़ उतारकर लहराए जाने पर]

सत्ता, बाज़ार और पूँजी की
इस फर्राटा दौड़ में
जाने कितनी ही बार
उतरी और उतारी गईं
विरोध की, बेरोज़गार
उतरे मुँह वाली
झक्क सफ़ेद क़मीज़ें
और उन पर
टाँके गए
काले धागों से
दुख और बेबसी के
मनमाने अन्धे बटन...

उघाड़े हुए सीनों और
बेची गई छातियों पर
उदारीकृत नीतियों के अधीन
मुक्त हाथों

छापे गए
निरीहताओं के खुले ज़ख़्म, और
उनमें भर दिए गए
जोड़-तोड़ और रियायतों की
मक्कार सियासत के,
बेपेंदे-निकम्मे घटक...
फिर भी कहो तुम्हें कहना ही होगा
कि जो ज़ख़्म भरते नहीं
दिन और रात
गूँगे नासूरों की तरह
सिर्फ़ टीसते हुए भी,
फटी बिवाइयों वाली
तपती हुई धरती के माथे पर
रख कर अपना हाथ
नाप ही लेते हैं
उसका अमियादी बुख़ार
और झोलाछाप तालिबानी सत्ताओं की
अवैध और शून्य
दिखावटी संरक्षण परेडों के नीचे भी
पनप ही जाती है
नई क्रान्तियों के अँगूठों की
चमकती स्याही की ज़बान...।

दिउता...चुप्पे मुँह अँधियारों से जगरातों तक...

छुटपन से पाई सीख,
संझा बाती में
बिजली के लट्टू को करो प्रणाम,
बालसुलभ, उचक जिज्ञासा ने
पाया था जवाब,
"धूरी संझा के दिउता हैं
जेई रातन की आँखी हैं"
आँखी मींचे करा भरोसा
ज्यों-ज्यों बढ़े दिन और राती
त्यों-त्यों बढ़े दिउता और दिया-बाती
धीमे-धीमे खुली प्रपंच पाती
गुम होशों ने जगने पर पाया, कि
बिजली के लट्टू को चमकाने का
बिल भरना पड़ता है
दिउता चोर हैं
दिउता रिश्वतखोर हैं
उनकी झलक पाने को
लाइन हाज़िर हो जाना पड़ता है
असंख्य दशाननों के अनगिन हाथों
मिलती है अनचाही भिक्षा
कोमल गालों से आर-पार

भालों का टैक्स चुकाना पड़ता है
उपवासी जीभों का चरणामृत
उन्हें चढ़ाना पड़ता है
बेचैन मनौतियों की फूटी थरिया में
दर्शन की प्यासी बेसुध सुधियों को
रीती आँखों की सहियों से
एक मूक रसीद कटानी पड़ती है...।

2

दिउता की खातिर रखनी होती है
चुप्पे मुँह अँधियारों से जगरातों तक
घर-आँगन और अपनी साज-सँवार,
माटी के मोल चुके सौदों में
जम कर बैठे 'बनिये' को
अपने मोल चुकाना पड़ता है,
नियमाचारों, पूजा-पाठों, निर्जल उपवासों के
ठौर-ठिकाने घर-घर कहना होता है
अर्द्ध-रंगों के झूठे वेशों
दिशाहीन स्वस्तिकों का
खेल रचाना पड़ता है
दिउता की क्षुधाओं के
अपूरित कलसे भरने को
एक मुट्ठी बरकत का
आटा, चीनी और गुम पइसा रखना पड़ता है
इन सब से बच कर
खूँटे की चिड़िया को
भंडार कक्ष के एक जंगहे पीपे में
अपने गाँठ-गठूरे लटकी
खारी बारिश रखनी पड़ती है

और दिउता...
उनका तो ऐरावत है
उन्मुक्त विचरता है
सोमरस सिंचित
तैंतीस कोटि आकाशों में...।

अनुसन्धान

झक्की होना
अपनी मौलिकता का
अनुसन्धान है...
उस पिछड़े और
लहूलुहान स्वरूप का
जो हमारे
आईने बनने के
पहले का,
नींव का पत्थर था...।

पूरी बातों में रखे हुए अधूरे मन

कि सोलह कलाओं के चौसठ खानों में
किन पाठों का पुनर्पाठ करते हैं
सोलह श्रृंगारों में सज्जित
सोलह संस्कारों में बिंधे
सोलह आने सच के ढाई कदम...
कि अँधियारे पाख और उजियारे पाख की
चौरस ज़बान की नोक पर रखे
आठ वर्गों के गुणनफल के दोहरेपन की उपज पर क़ाबिज़
सोलह मंत्रकों में हो सकती है
किसी सत्ता के कथा-पायों को थामे बैठीं
बत्तीस पुतलियाँ...
कि पूरी बातों में रखे हुए ढाई क़दमों में होते हैं कुछ अधूरेपन...।

सुनो ये उठती ध्वनियाँ

ये प्रारम्भ के दिवस हैं
धूप फेंकी है सूरज ने
मेरी जड़ी खिड़की पर छपाक,
चौड़ी मुसी सफ़ेदी
किनारी पतली लाल
अन्ध केशों पर टिकी,
तुमको कैसे मालूम
अन्दर बेचैन अँधेरों में
रोशनी की भूख
जाग आई है
सुनो, देखो
उतार फेंको
कमल के फूलों का ख़ूबसूरत
यह आबनूसी चोला
सुनो—
इस हलकी चमक से
उठती ध्वनियाँ
स्थगित मत कर,
निरखना—
धूप की मुस्कान

साध तू, व्याप्त आज्ञापकों[1] का आराध्य
यहे प्रारम्भ के दिवस हैं
तुमको नहीं मालूम
ये मेरे-तुम्हारे
वशीकरण के दिन हैं!

1. बाध्यकारी आदेश

परिन्दे भी लगाते हैं आवाज़

कभी-कभी
अचानक ही
चुप के शिकंजों में फँसे
शान्त बैठे
ख़ामोश परिन्दे
बेचैन हो उठते हैं
फड़फड़ाने लगते हैं
उनके प्राण
पंखों की तड़प से
फूट पड़ते हैं अक्षर
और,
नीले आसमान की हथेली
अचकचा कर
खोल बैठती है
अपनी आँख
ज़र्द सफ़ेदी का समेकन भी
मसल डालता है
सम्मोहित आँखों का
मीलों लम्बा
उनींदापन
और सब कुछ

जाग उठता है
ख़्वाहिशों की
मरी कोख
फिर जी उठती है
दीवारों पर बिछा
धूप का अक्स
लपेट देता है
अपनी बाँहों का
पुकारा हुआ गुनगुनापन
सिर्फ़ और सिर्फ़
मेरे चारों ओर,

पर सुनो सखी,
ऐसा कभी-कभी ही क्यों होता है कि
ख़ामोश परिन्दे भी
बेचैन हो उठते हैं...।

दिन कोई भी हो सकता है

दिन कोई भी और कैसा भी हो,
और हो ही सकता है
उसे तो होना ही है,
अब तक होता ही तो आया है
क्या फ़र्क़ पड़ जाएगा
उसके कोई भी दिन या एक दिन होने से
हाँ बस किसी भी दिन सुबह पाँच बजे
भोर के तारे के डूबने के ठीक कुछ ही पहले
सूरज की सतरथिया की
लम्बी काली परछाईं के नीचे से निकल कर
इस पूरी पृथ्वी के किसी भी चौक के
मटमैले आसमाँ के
किसी भी और कैसे भी पन्ने के कोने पर या बीच में या फिर हाशिए पर
या कहीं पर भी,
चूँकि उगना महत्वपूर्ण है,
तो बस उग ही आएगी
नारंगी सूरज-सी पैनी और नंगी चुभन वाली औरत...
जो एक और अकेले होते हुए भी या होने पर भी
बहुवचन में उठाएगी
अपने दोनों हाथ विजय मुद्राओं में
और एक कोशिका के काल से ही

विलाप में तब्दील
धरा पर दोहरी पड़ी उसकी देह
आख़िरकार उठ ही खड़ी होगी
और अपने दोनों हाथों को जोड़ कर
एक लहर मुद्रा में आ जाएगी
लहर जिसे कि कह सकते हैं समन्दर से उठ खड़ा हुआ समन्दर का एक छोटा-सा गाँव
उस लहर के विलोम मूलाधार पीठ में बसता होगा एक पूरा खारा समन्दर...
तो ठीक, एक पूरे खारे समन्दर की तरह
अपने पूरे समूचेपन से
पटक-पटक कर अपनी ज़बान का कपाल
वह देगी मुँह भर-भर कर ऐसी गालियाँ
जो उससे जुड़े सारे सम्बन्धों की जंघा पर ताल ठोक कर बैठी हैं...
जिनके जन्मों के गर्भगृह स्त्री के गुणसूत्रों में कभी थे ही नहीं,
उसके नाम पर, पर उसके लिए वर्जित फल रहीं शब्दावलियाँ
वह 'स्त्री' बकेगी या कह सकते हैं कि बहुवचन में खड़ी वह अकेली स्त्री
पढ़ेगी दुनिया की सारी माँ-बहन और बेटियों के नाम पर,
चुन-चुन कर रची
सारी मादर-जात विरुदावलियाँ,
आख़िर यह गढ़ी हुई माँ, बहन, बेटियाँ और धर्म की पत्नियाँ ही तो खा गई हैं
एक स्त्री का स्त्री भर होना...।

कच्ची-पक्की बातें : चार कविताएँ

1

कि क्यों पीछे छूटे हुए
उस कमरे में ही
खो गए हैं
हर करवट पर
उसके घूमते हुए मौसम के
अनुकूल रखे हुए तुम्हारे हाथ,

हर बार उसी कमरे की कसी हुई
नियति में मिलना,
ऐसे और इस तरह मिलना
कि खिली हुई धूप-सा खिलना
बादलों की ओट में वहीं से
किसी और छोर के लिए
ऐसे और इतना बिछड़ना
कि मिलना हो जाए
स्मृति की डिबिया के ऊपर बैठी एक छोटी बुंदकी भर
और बिछड़ना
जीवन के आसमान पर तना, घना चौमास

कि क्यों? आख़िर क्यों?
कुछ कमरों के ललाट पर मिलने से कहीं अधिक
विरह के मौसम लिखे होते हैं...।

2

आख़िर क्या और कितना
चाह सकती है
बन्द हथेली से कब का छूट चुकी उँगली-सी देह वाली
किसी पुरानी किताब की गन्ध में
दबी पड़ी रह गई एक सिल्वर-फिश...
कि बस बहुत थोड़ी-सी ही तो
ज़रूरतें हुआ करती हैं...

देखो वह और उतनी भी नहीं देखी और सुनी जाती हैं
क्यों किसलिए दौड़े चले चले जा रहे हो
कहाँ के लिए
किसके लिए...

अपने-अपने हिस्से के
सच्चे-झूठों की भुरभुरी पीठ पर लदे
अपने से अजनबी और बेहद अनजान
ठहरते हैं हम...

ठीक उस क्षण—
जब अपने-अपने शवासनों के भीतर
मरे हुए आदमी के स्वाँग से उकता कर
कोई...
सचमुच ही उठ कर
शव में तब्दील हो जाता है...

कि अन्ततः छूट ही जाना होता है...
क्यों जाना आख़िर ऐसे ही जाना होता है...!

3

अक्सर ही...
तुम्हारा अहम् क्यों इतना बड़ा होता है
कि बैठे रहते हो तुम
रस्सियों-सी ऐंठन में
गुमिठे और फाँसदार...
सर्प-सा फन काढ़ कर बैठा रहता है
तुम्हारे अबोल में
मेरी पहल का इन्तज़ार...
ऐसे-वैसे, कैसे-कैसे इन्तज़ारों की
गठरी में बँधा धरा
संगतियों का असंगत संसार...।

4

लम्हे में कौन है जो होता है
कौन जानता है आख़िर कि...
लम्हों में खड़ा होना आख़िर कहाँ होना होता है...
अपने कमरों में बैठे हुए
कभी-कभी घरों में होना
मुश्किल हो जाता है...
और जाने वो कौन होता है
जो वहीं होते हुए भी बढ़ाता ही जाता है
अपने पैरों की लम्बाई बेहिसाब...
और ताक़त उनमें बेशुमार...
दीवारों को हवा और पानी की तरह चीर कर निकल जाता है...

कहीं होते हुए भी
वहीं न होने के लम्हों में
कौन है जो वहाँ बैठा हुआ मिलता है
ऐसे जैसे नए अपरिचित घरों में
भारी लिबासों के नीचे
सर झुका कर
अपनी गठरी के घुटनों में गिरी हुई
हुए-अनहुए की देहरी पर
एक नई-पुरानी-सी स्त्री की तरह...।

मुझे कहना है

मैंने छुटपन में पढ़ा था
और माना भी था कि
"भारत अर्थात् इंडिया एक कृषि प्रधान देश है
इसके निवासी
यहाँ की धरती में
बोए गए बीजों से
उत्पन्न होने वाले
भाँति-भाँति के स्वादों में
बहते और जीते हैं..."

अब मैं जानती हूँ
और पहचानती हूँ कि...
"भारत यानी इंडिया एक भाव प्रधान देश है
यहाँ की सत्ताएँ
भाँति-भाँति की भावनाओं पर खेती करती हैं
और यह उमड़ता हुआ देश
भावनाओं की फसलों की लहरों में बहता है
कोई भी आता है या जाता है
मरता है जीता है
कहता है सुनता है
जोड़ता है तोड़ता है

और यह उसकी लहरों में उठता और गिरता है
डूबता और तिरता है
जीता और मरता है
मारता और काटता है
सोता और रोता है

प्रलोभनों के सर्कस में,
भावनाओं की मौतों के कुएँ से
खींचा हुआ पानी
हमारी अपनी ही माटी में
हमारे ही सपनों की क़ब्रों पर
हमें एक गहरी नींद में खींचता है
और पलकों को जबरन मूँदता है

मुझे कहना है
कि जागो
यह जागने का वक़्त है
एक बार फिर से
आज़ाद तरानों को गाने का वक़्त है
यह प्रभात फेरियों का वक़्त है।

पाप

[मेरे आस-पास अपनी चौकस उपस्थिति के साथ मौजूद और अपना द्रोण-ज्ञान बिन माँगे ही बाँटते नवगुरुओं की दिव्यदृष्टियों को साष्टांग प्रणाम के साथ समर्पित...]

उड़ती चिड़िया पर
पत्थर मारना
निशाना साधना
पाप है
क्योंकि, उड़ना
उसकी साधना है
और,
ज़मीन पर उतरना
दाना खोजना
उसका लक्ष्य,
क्षत-विक्षत होना
खंडित होना
ज़मीन पर गिर जाना
मृत्यु है
उसकी साधना की
लक्ष्य की...

इसलिए बन्द कर दो
उड़ानों के
लक्ष्य को बेधना और
एकलव्य के
अँगूठे को
बार-बार माँगना
बस अब बहुत हुआ...

अब आज और अभी
बन्द कर दो...

नृशंसताओं की
पूर्व आरक्षित
द्रोण परम्परा में
दाएँ हाथ के
प्रतिबद्ध,
निर्दोष अँगूठों की
नींव भरना...!

फिर भी

अनगिनत आँखों के मध्य
चौराहे की ठिलिया पर
उस बड़े कढ़ाव में
रेत के गर्म चढ़ाव में,
भुनती हो
छीली जाती हो
मसली जाती हो
खाई जाती हो
मसालों के साथ
गरमागरम..

हैरत है...
फिर भी...
जीवित रहती हो...
बड़ी बेशर्म हो...

इजाज़तों की मोहताज़
इस दुनिया में
अब भी अपनी ही
गहरी साँसें भरती हो

स्त्री आख़िर तुम
अपनी दिखाई गई
औकात के मर्सिये 'घर' से
कैसे बाहर निकलती हो?
ज़हरीले मानपत्रों को
अपनी ज़िद के
पैरों में बाँधे
कैसे ज़िन्दा रहती हो?

आसान नहीं है फिर भी

जाती हो
कहाँ को बहती चली जाती हो
पत्थरों से टकरा-टकरा कर
चढ़ती हुई साँसों के शोर के साथ
अपनी और उनकी दोनों की देह को छीलते और छीजते हुए
बहती हुई नदी को देखते हुए कहती हूँ मैं जैसे स्वयं से—
लौटो उलटे पाँव अपने पंजों के बल
और देखो एड़ियों को कुछ दूर तक उचकाए ही रखना
कि कोई भी नहीं चाहता अपने स्वार्थी हितों के
विपरीत दिशा में तुम्हारा लौटना,
कि अपने ज़हन के तरकशों में भरे
सारे ज़हर बुझे तीर और काँटे
छोड़ दिए हैं
बहेलियों और तुम्हारे अपने पुजारियों ने,

बचा कर रखना अपने नीर भरे तलुवे
अन्यथा यह सोख लेंगे
सोख्ता काग़ज़ या मरुस्थलों की तरह
तुम्हारा जीवट और तुम्हारे प्राण,
कि अब नहीं रहा वक़्त यूँ ही
प्रवाहों की ढालू दिशा और समत्व में बहते हुए

इनके बीजे हुए कसैले बीजों को
बोने और अँकुवाने का...
अपने तटों पर इनकी विष बुझी
फसलों को लहलहाने देने का...
देखो अपनी ध्यानस्थ आँखों को ठीक-ठीक खोल कर देखो—
तुम्हारे जने और सेये पोसे विष-पुत्र
तुम्हारी ही कोख के वर्जित देश में
अपने वीर्य के डांडे खे रहे हैं...
अपनी पीठ और छाती पर
विष-पुत्रों की नाव ढोते हुए तुम थक नहीं गईं?
कि क्यों अब भी यूँ ही पड़ी दई मारी-सी बहती रहोगी
अपनी उतारी जा रही आरती की
लपलपाती शिखाओं के अट्टहासों में
अपना मुँह जोहती...
व्रतों-वासों में
अभी और कितने कल्पों तक घुलते हुए
अपने ही विसर्जनों में
अपनी ही अष्ट-भुजाओं के
कुन्द अस्त्रों की कोर पर
पिता-पुत्रों की मन्नतें और शुभों के
दीपदान सँभालते हुए
और कब तक ऐसे ही चलती जाओगी
तुम लौट क्यों नहीं आतीं
यह जानते हुए भी कि अब तुम्हें लौट आना चाहिए
...उल्टे पाँव
प्रवाह से धुर विपरीत
करने को एक अन्तिम पलटवार
एक भरपूर प्रहार
और उभर आएगा
इतिहास के पृष्ठों पर

अब तक अनलिखी रही इबारतों के अस्तित्व का
चौकोर सपाट सीनों वाला
सूखा और भुरभुरा रवेदार नमक...।

कोने में गड़े हैं अकेली आँखों से गिरे बीज

कहने भर को ही जैसे
कहा था कभी किसी ने
दर्शन नाम की विधा की
दूर आसमान में
अपने पंखों की कनात पसारे
उड़ती चिड़िया की उड़ान-सी भाषा में कि
"मनुष्य एक सामाजिक प्राणी है..."

सामाजिकता की दुनिया को चौकोर नहीं होना था
उसमें नहीं होने थे
एकान्त के चार खूँटे
कि कोनों के कोणों में ही तो गड़े है।
अनाम अश्रुओं की खनकती अशर्फियों के अनचाहे घट...
भरी-पूरी-सी दिखती दुनिया में
अकेलेपन की भीत पर
टिकी हुई पीठ पर
चढ़ कर बैठा एक अकेला मन
कि कुछ भी नहीं
कहीं भी नहीं कि सलीब पर
ठुका हुआ एक मैं...
कहाँ बैठ कर हिलाता है

दाएँ पाँव पर चढ़ाया हुआ अपना बायाँ पाँव...
शून्यकाल के इस झुलसे हुए निर्वात में
वह बे-पता हुआ 'मैं'
डुबा लेता है
फिर किसी एकान्त के
बहते हुए पानी में अपने पाँव
...और...
टेक देता है नीले आसमान की
रेत-रेत हुई जाती चट्टान पर
अपने अकेले पड़ गए हाथ...

कि उस रोज़ क़िस्मत के
उछाले हुए सिक्के के
चित और पट
दोनों ही पहलू में
तेरा अपना ही तो नाम था...।

सफलता तो स्त्रीलिंग है

सुनो रे!!
होना है अमरलता
बिना पत्तियों वाली
नग्न डालियों वाली
एक ज़िद्दी और बहिष्कृत अमरलता...
उस सुबह से ही होने की कोशिश
बार-बार होती है असफल...
मिला नहीं अब तक कोई भी उपाय...
एक सौ आठ दानों की माला के
एक सौ आठ काष्ठ मनकों में
पूरे एक सौ आठ फेरे घूमी हैं
भर मुट्ठी असफलताएँ...
एक पुरुष के लिंग की
स्थापना के चक्र में
फँसा और धँसा हुआ है
योनियों का स्त्री-लिंग...
मृत्युंजय महादेव की उस गुफा के कोने से
फिसलती हुई एक आस्थावान नास्तिक मकड़ी के
फेंके हुए अकेले पारदर्शी धागे की सामर्थ्य
पराजयों तक तो होनी पूर्वनियत ही थी...
उस रोज़ उस

अपने जैसे एक सौ पच्चीस प्रतिकृतियों वाले मंदिर में मिले
उस देवदार के वृक्ष से लिपट कर
असंख्य बाँहों के अनगिन फेरों में
उस के सर
फुनगी तक चढ़ जाना है,
वो जो कई सदियों की
झाइयों और रुलाइयों में डूबा हुआ है
फिर भी तना और
जीत में उठे हुए अँगूठों की तरह खड़ा है
वो देवदार जिसकी देह को
सात आजानबाहु पुरुषों की भुजाएँ भी
अपने में भर नहीं सकतीं...
किसी के सपने में धर नहीं सकतीं...
सुनो रे...!!! अमरलता रहेगी तो स्त्री ही न...।

नैनीताल प्रवास : छः कविताएँ

पदचाप...

वह कितना भी
चौड़ा मुँह बाए
कटे हाथ-पाँव के
ठूँठ फैलाए
ठंडी सड़क पर छितरी
बजरी की ज़बान
हमेशा, सूखी ही रहती है
उसके और
झील के बीच का
अजनबी सन्नाटा
कभी नहीं पटता
वह जस का तस
यूँ ही पसरा रहता है
किसी घाट की
एक भी सीढ़ी
नहीं उतरता
पानी की एक भी
बूँद का तिलक नहीं लगाता...।

पाषाण-देवियाँ-1

पाषण-देवियों के
सिर-माथे टँगी
घंटध्वनि...
मुँह अँधेरे ही
कच्ची नींद की
आँख मसल
उठ जाती है
गूँजती है
उनींदे कानों में
जैसे बेहाथ-बेघर
मारी-मारी फिरती है...
हर पहाड़ के सीने पर
अपना लुंचित भिक्षु स्वर
पटक-पटक कर
रोती है
थकती है
मन्द पड़ती है
और थक-हार कर
खीझ कर
झील की हथेलियों में
अपनी
भारी ठठरी
पटक आती है...।

पाषाण-देवियाँ-2

सुनो...!!!
अरी ओ...

घंटध्वनि...!!!
झील की
हथेली पर
तुम्हारी ही तो
जीवन रेखा है
जिसे कैसी भी
रेखा के
कैसे भी कोण
कहीं से भी नहीं काटते,
झील की बाँहों की साँसें
तुम्हारी अधमरी-मटमैली
डूबती ठठरी से
लिपट ही जाती हैं
कितना तो चूमती हैं...
बेहिसाब...
जाने कब से तुम्हारी
एक-एक पछाड़ पर
उनकी अकुलाहटें
अपनी पलकें उठा-उठा कर
तुम्हारी राह देखती थीं
यह मेरे प्राण
तुम्हारे ही तो हैं प्रिये
देखना...
बस अभी ही...
सारी शून्यताएँ
सारी चोट और कचोट
खिसका कर
इन्हीं पहाड़ों की
कगारों पर
धर आती हूँ

कि बहुत हुआ...
बस अब गिरो...
और मर ही जाओ...!

बारिश और आग...

किसी पुरानी चोट की
घनी गहरी नील की तरह
स्याह सर्द
आसमान की, किसी
मूसलाधार बरसन
के ठीक नीचे,
आग की लपटों में
कसमसाते
प्रेमपत्रों के
धुआँए शब्दाक्षर
जंगल की आग में
पंछियों की मानिन्द
फड़फड़ाते हैं...।

मोड़...

समय की
किसी चोर तह में,
दबा कर रखा हुआ
कोई पुराना प्रेम
दबे पाँव
उतर आई
किसी शाम
ऐसे मिलता है

जैसे किसी
कविता की
किताब के
किसी ख़ास पन्ने पर
डाला हुआ
तीन कोनों का
एक छोटा-सा
मोड़—त्रिकोण...
किसी भी दिशा में
अलट-पलट
हो जाने पर भी
समय की
जाने कितनी ही
सुरंगों से
गुज़र जाने पर भी
बना रहता है
वैसा ही—त्रिभुजाकार
और अपने बिन्दुओं पर
उतना ही तीखा और
धारदार...!!!

तह...

पहाड़ी
सड़कों की
काली शाल
कभी सीधी तहों में
नहीं सिमटती
आँखों के बियाबान में
अजब उतार-चढ़ाव की

खड़ी-ढली सलवटों भरी
सर्पिल अँगड़ाइयाँ
लेती रहती है...।

बुझी चिताओं से चुने जाते हैं फूल

परिक्रमाओं के पथ पर डालता कौन है व्यवधान
जो तेरी सोची हुई हर बात
साबित हुई हर बार
जीवन की धूल में
धूल-धूसरित
एक अदद भूल...
जबकि अब तक उसे हो जाना चाहिए था
किसी जंगल में
किसी अनाम डाल पर
अपने मौसम के आ जाने पर
खिल आया एक फूल...

खिलने के विरुद्ध क्यों चुनती है वह
दुर्गम रास्तों पर
कोहनियों और घुटनों के छिलके उतारती हुई पद यात्राएँ...

हाथों में हाथ और उनमें
नाखूनों को ज़ोर से चुभा कर बिछड़ते हुए
हर बार तय करते हैं वे
कि ठीक इसी बिन्दु से
ठीक यहीं से फिर से चुनेंगे

हम अपने छूटे हुए अधूरे ही रहे
कथ्यों के झरे हुए, झारे हुए फूल...

रे यायावर...बता रे...
मात्र तुम्हारे तय करने भर से
हर बार लौट कर आने पर क्यों वो बिन्दु होता वहीं पर
और किसके लिए...
लौट कर आता है क्या वही
जो जाता है कहीं...?

नहीं, कभी नहीं,
इसलिए
वो बिन्दु भी उठ जाता है
चल पड़ता है
घूमते हुए अपनी धुरी की फाँस पर
अपने किसी सूर्य-तारे की विवश परिक्रमा पर...।

बोधि-सत्

और, वो जो
सन्नाटों की संवादहीन सतहों पर
कुछ बुलबुले से हैं
वो समय की धारा में
जलमग्न हो चुकी यशोधरा की
अपने एकान्तवासों में की गई और
अनसुनी रह गई प्रार्थनाओं की
शताब्दियों पुरानी
बुदबुदाहटें हैं...

कि क्यों जाना और रहना आख़िर
वहीं और उस देश में पड़ता है
जिसकी धरती और आसमान के मध्य में
अनिच्छाओं का
काला अँधेरी गहराइयों वाला
एक समन्दर बसा रहता है...
कि जहाँ इच्छाओं के देश
जाने कब से
मौन में हैं
स्तब्ध हैं...
अपनी जलमग्न समाधियों के

अन्तहीन खारेपन में विलीन हैं
और महामाया के गर्भ से प्रसूत
अपने अर्थों में पूर्ण सिद्ध—सिद्धार्थ
आज भी
बोधिवृक्ष की घनीभूत छाया में
तप में तल्लीन हैं...।